FREMDSPRACHENTEXTE

Pedro Almodóvar

Todo sobre mi madre

Guión original

Herausgegeben von
Klaus Amann

Philipp Reclam jun. Stuttgart

RECLAMS UNIVERSAL-BIBLIOTHEK Nr. 9135

Umschlagabbildung nach dem Entwurf
von Oscar Mariné für das Filmplakat
Gesamtherstellung: Reclam, Ditzingen. Printed in Germany 2005

ISBN 3-15-009135-7

www.reclam.de

Todo sobre mi madre

0-A. MADRID. U.V.I. DE UN HOSPITAL. – INT. DÍA.

Sólo se escucha el sonido del monitor, un pitido intermitente, y el ruido del respirador, una especie de fuelle. El personal sanitario pertinente está haciendo un electroencefalograma a la víctima de un accidente mortal. (Dos personas además de Manuela.) El gráfico aparece en la pantalla de un monitor, y se imprime en la superficie de un papel sin fin. Varias líneas paralelas indican que su cerebro está muerto.

Manuela lleva un pijama y una bata verde, calza zuecos, y el pelo recogido sobre la espalda. Parece cansada. Coge el papel con el gráfico del electro y lo une a la «gráfica especial» que está a los pies de la cama (en una bandeja plegable), le hace un gesto mecánico a la otra enfermera (le indica que va a llamar por teléfono) y sale de la U.V.I.

1 **la U.V.I.:** *la Unidad de Vigilancia Intensiva:* Intensivstation.
int. día: *interior día* (cin.): Innenaufnahme bei Tageslicht.
2f. **el pitido intermitente:** regelmäßiger Piepton.
3 **el respirador:** Beatmungsapparat.
une especie de fuelle (m.): eine Art Blasebalg.
4 **el personal sanitario:** Krankenhauspersonal.
pertinente: zuständig.
10 **la bata:** Morgenmantel; hier: Kittel.
10f. **el zueco:** Holzschuh mit Korksohle, Clog.
13 **la gráfica especial:** Diagramm.
14 **la bandeja plegable:** Klapptischchen, Beistelltisch (*la bandeja:* Tablett).

Una música recóndita e íntima suaviza los sonidos propios del lugar y crea una atmósfera de ternura y misterio.

0-B. DESPACHO ORGANIZACIÓN NACIONAL DE TRASPLANTES.

Manuela entra en su despacho. En la parte superior de la puerta hay una inscripción: Coordinación de Trasplantes. Deposita los gráficos sobre una mesa de escritorio y llama por teléfono.
Se escucha la voz de una chica:

CHICA. Organización Nacional de Trasplantes, dígame.
MANUELA. Hola, soy Manuela, del Ramón y Cajal▸.
CHICA. Dime, Manuela.
MANUELA. Tenemos un posible donante. Ya se ha hecho el primer electroencefalograma y hay consentimiento familiar. Es un varón, de 38 años, grupo 0+ y pesa alrededor de setenta kilos.

1 **recóndito/a:** geheim, verborgen.
suavizar: mildern.
2 **la ternura:** Innigkeit, Sanftheit.
4f. **la Organización Nacional de Trasplantes:** etwa: Nationale Behörde für Organtransplantation (Abk.: O.N.T.).
8 **depositar:** hinlegen, ablegen.
12 **Ramón y Cajal:** ein hochgesetzter kleiner Pfeil im Text verweist auf weitere Erläuterungen in den Anmerkungen S. 184 ff.
14 **el/la donante:** Spender(in).
15f. **el consentimiento:** Zustimmung.
16 **el varón:** Mann, männliches Wesen.

0-C. ORGANIZACIÓN NACIONAL DE TRASPLANTES.

La chica toma nota de los datos que Manuela le da por teléfono. Es una muchacha joven con un abalorio tipo indú entre ceja y ceja (el tercer ojo). Consulta unas listas que hay dentro de carpetas cuyo contenido está dividido por pestañas sobresalientes, con los nombres de los diversos hospitales y órganos: corazón, riñón, pulmón, etc. En Vitoria, Málaga, A Coruña, etc. Busca un receptor compatible con los datos que le ha dado Manuela y el lugar de España donde resida.

La música arropa hasta el final de las tres secuencias.

1. MADRID. CASA MANUELA. SALÓN. – INT. NOCHE.

En el salón, frente al televisor encendido, Esteban escribe en su cuaderno de notas.
Manuela, su madre, guisa la cena en la cocina. (Es la enfermera que hemos visto en la secuencia 0-A.)

4 f. **el abalorio tipo indú:** indische Glasperle.
5 **la ceja:** Augenbraue.
el tercer ojo: das ‚dritte Auge' (indischer Schmuck zwischen den Augenbrauen; Chakra der Yogis, Sitz der Weisheit).
7 **las pestañas sobresalientes** (pl.): vorstehender Rand (*la pestaña:* Wimper; *sobresalir:* herausragen).
8 f. **el riñón:** Niere.
9 **el pulmón:** Lunge.
Vitoria, Málaga, A Coruña: Städte in Spanien.
10 **el receptor:** Empfänger.
11 **residir:** wohnen.
12 **arropar:** zudecken; hier (fig.): einlullen, versüßen.
18 **la secuencia:** hier (cin.): Einstellung.

De 35 a 40 años, Manuela es una mujer rubia, atractiva. Posee ese tipo de solidez que proporciona el haberse hecho a sí misma desde muy pronto. Dulce acento argentino e inmediata sonrisa triste.
Salta a la vista que es buena cocinera. El plato y el aspecto de la cocina lo demuestran. Prepara un plato típico argentino. Entre frase y frase, Esteban echa una mirada a los anuncios del televisor.

ESTEBAN. ¡Mamá! … ¡la película va a empezar!

Esteban es un adolescente alto y desgarbado, de pelo lacio y ojos penetrantes como alfileres azules. Hace tiempo que practica la escritura. Quiere ser escritor.
La madre entra en el salón, lleva una bandeja rebosante de platos y comida.

MANUELA. ¡Ayúdame!

Esteban deja el cuaderno a un lado y ayuda a su madre a poner la mesa. Una vez terminados los anuncios aparece el título de la película, «All about Eve»▸. Una pomposa voz en español dice: «Eva al desnudo».

ESTEBAN *(protesta)*. ¡Qué manía de cambiar el título! ¡*All about Eve* significa «Todo sobre Eva»!
MANUELA. «Todo sobre Eva» suena raro.

2 **la solidez:** Festigkeit; hier (fig.): Bestimmtheit.
5 **saltar a la vista:** ins Auge springen, auffallen.
10 **el/la adolescente:** Jugendliche(r).
desgarbado/a: (1) plump; (2, hier:) schlaksig.
11 **lacio/a:** schlaff; hier: glatt.
el alfiler: Nadel.
13 f. **rebosante:** randvoll, übervoll.
20 **la manía:** Manie, schlechte Angewohnheit.

Esteban vuelve a coger el cuaderno de notas, acaba de ocurrírsele el título de lo que está escribiendo. Lo apunta en la parte superior, encabezando el texto: «Todo sobre mi madre».

El título que encabeza el texto de Esteban, ampliado, se convierte en el título de la película.

MANUELA. ¿Qué escribes?

ESTEBAN *(bromea, hurtándole la vista del cuaderno).* Nada. Futuros premios Pulitzer▸.

MANUELA. Venga, come. *(Cariñosamente.)* Debes hacer unos kilitos por si en algún momento tienes que hacer la carrera para mantenerme.

ESTEBAN. Para hacer la carrera no hacen falta kilos, sino un buen rabo.

Manuela se le queda mirando, atónita. No esperaba semejante salida.

MANUELA. ¿Quién te ha enseñado a hablar así?

ESTEBAN. Preguntaste tú …

En cualquier caso la madre piensa que aquello es una salida de tono.

MANUELA *(explica).* Era una broma.

3 **encabezar:** betiteln, überschreiben, als Überschrift setzen.
5 **ampliar:** vergrößern.
8 **bromear:** scherzen, Späße machen.
hurtar: verheimlichen, verstecken.
12 **hacer la carrera** (fam.): auf den Strich gehen.
14 **el rabo** (vulg.): ‚Schwanz', Penis.
15 **atónito/a:** erstaunt, überrascht.
15 f. **semejante:** derartige(r, s).
16 **la salida:** Einfall; *la salida de tono:* unangebrachte Bemerkung.

ESTEBAN *(serio)*. ¿Y tú?

MANUELA. ¿Yo, qué?

ESTEBAN. ¿Serías capaz de prostituirte por mí?

Manuela se le queda mirando muy seria. Su tono se agrava considerablemente.

MANUELA. Yo ya he sido capaz de hacer cualquier cosa por ti. *(Suave, conciliadora.)* Come.

Madre e hijo comen en silencio, los ojos puestos en el televisor.

2./3. CASA MANUELA. TELEVISOR Y SALÓN. – INT. NOCHE.

Escena de «Eva al desnudo» (vista en el televisor, en versión doblada al español). Respetar ese tipo de sonido distante, que nunca parece salir de la boca de los actores, característico del doblaje de esa época.

Lo que se ve:
Celeste Holm, la amiga de Margo, accede al teatro por una especie de callejón de artistas. Como cada noche encuentra, aterida por la lluvia y el frío, a Eva Harrington. Eva viste de un modo discreto, con sombrerito y gabardina. Es admiradora fanática de Margo. Celes-

7 **conciliador/a:** versöhnlich.
13 **doblar:** hier (cin.): synchronisieren (dazu: *el doblaje*).
17 **acceder:** Zugang haben; hier: gelangen.
18 **el callejón:** Gasse; hier: Spalier.
19 **aterido/a:** starr, erstarrt.
21 **la gabardina:** Popelinemantel, Gabardine.
el admirador / la admiradora: Bewunderer(in), Fan.

te Holm la ha visto mil veces merodeando por el teatro, está familiarizada con su presencia. Pero esta noche, al verla aterida, siente piedad y la saluda. Eva le confiesa que ha visto cada una de las representaciones de la obra. Como premio, Celeste la invita:
– Venga conmigo, Margo tiene que conocerla.

Una vez en el camerino, en presencia de una mordaz y escéptica Thelma Ritter, Eva les cuenta a las tres mujeres su historia, un relato inverosímil y lacrimógeno. Pero ella «lo dice» muy bien, ocultando bajo una capa de fingida humildad su inconmensurable ambición.

A Esteban, el escritor adolescente, le invade la sensación de hallarse ante el origen del espectáculo, y de la narración, en general: Una mujer contándole su historia a un coro de mujeres.
Manuela también mira la película con interés.

ESTEBAN. ¿No te encantaría ser actriz?
MANUELA. Bastante me ha costado hacerme enfermera. ¿Por qué me preguntas eso?
ESTEBAN. Si fueras actriz yo escribiría papeles para ti.

1 **merodear:** herumlungern, -hängen.
2 **estar familiarizado con algo:** mit etwas vertraut sein.
3 **la piedad:** Mitleid, Erbarmen.
7 **el camerino:** Künstlergarderobe.
mordaz: bissig.
9 **inverosímil:** unwahrscheinlich, unglaubwürdig.
9 f. **lacrimógeno/a:** weinerlich, tränenreich.
10–12 **oculta bajo una capa de fingida humildad su incomensurable ambición:** sie verbirgt unter einem Mantel angeblicher Bescheidenheit ihren unermesslichen Ehrgeiz (*la ambición:* Ehrgeiz).
21 **el papel:** hier (cin., tea.): Rolle.

MANUELA *(reconoce)*. De jovencilla estuve en un grupo de aficionados. Y no lo hacía mal. Debo tener alguna foto por ahí …

ESTEBAN *(con mucho interés)*. ¿Ah, sí? ¡Me encantaría verla! …

MANUELA *(duda)*. Después la busco … no sé dónde estará …

Por corte.

4. CASA MANUELA. SALÓN. – INT. NOCHE.

Esteban recoge los platos en una bandeja. Entra la madre con una foto en la mano. Se acerca a Esteban y se la muestra.

MANUELA. Míra … Hacíamos un espectáculo basado en textos de Boris Vian‣ … cabaret para intelectuales …

La foto muestra a una Manuela jovencísima, vestida de galán, con un bombín, sentada a horcajadas en una silla, estilo Liza Minnelli en «Cabaret»‣. La foto está rota por la mitad. Le falta un buen trozo. Originalmente había una persona al lado de Manuela. Es esta ausencia lo que llama la atención de Esteban, más que ver a su madre con veinte años menos haciendo teatro amateur.

1 f. **el grupo de aficionados:** Laienschauspielgruppe.
8 **por corte** (cin.): Schnitt.
17 **el galán:** Galan, Verehrer, (tea.) jugendlicher Liebhaber.
el bombín: Melone, steifer Filzhut.
sentado/a a horcajadas: rittlings (sitzend).
20 **la ausencia:** Fehlen, Abwesenheit.

5. CASA MANUELA. DORMITORIO ESTEBAN. – INT. NOCHE.

Sentado en la cama, o recostado en una almohada, Esteban apunta en su cuaderno la escena del comedor: su madre le ha mostrado una foto de cuando era joven, pero a la foto le falta un trozo. Y él tiene la impresión de que a su vida le falta también ese mismo trozo.
La madre toca la puerta y entra, Esteban tiene el tiempo justo de doblar el cuaderno. No le apetece que Manuela pueda leer lo que acaba de escribir.
Manuela lleva un libro en la mano, envuelto en papel de regalo. Señala su reloj de pulsera.

MANUELA. ¡Son las doce! ¡Feliz cumpleaños!

Se acerca a la cama y le abraza efusivamente.

MANUELA. ¡Quítale el papel! Si lo tienes o no te gusta lo descambio.

Esteban le quita el papel, ante la sonrisa de su madre.

ESTEBAN. ¡«Música para camaleones»▸!

Lo dice como si súbitamente escuchara esa música.

MANUELA. ¿Lo has leído?
ESTEBAN. No. ¿Pero cómo sabías que lo quería?

3 **recostado/a:** zurückgelehnt, angelehnt.
10 **apetecer a alg.:** jdm. gefallen, jdm. zusagen (*apetecer:* begehren).
15 **efusivamente** (adv.): überschwänglich.
17 **descambiar** (fam.): umtauschen.
19 **el camaleón:** Chamäleon.

La madre señala una estantería … Hay de todo, autores sajones actuales, serie negra. «El harpa de hierba» y «Desayuno en Tiffanys»▸, de Truman Capote, en versión de bolsillo.

MANUELA. He visto que te gusta ese Capote …

Esteban le devuelve el libro a su madre.

ESTEBAN. Léeme algo … como cuando era pequeño …

La madre se sienta en el borde de la cama, abre el libro y lee en voz alta.

MANUELA *(lee)*. «Prefacio. Empecé a escribir cuando tenía ocho años …»

ESTEBAN. ¿Ves? No soy el único …

MANUELA. «Entonces no sabía que me había encadenado de por vida a un noble pero implacable amo. Cuando Dios le entrega a uno un don, también le da un látigo; y el látigo es únicamente para autoflagelarse».

Manuela deja de leer y contempla el libro, inquieta. El chico se lo quita de las manos. Hojea algunas páginas sin llegar a leer nada, sólo para impregnarse de su aroma.

1 **la estantería:** Regal.
1 f. **los autores sajones:** angelsächsische Autoren.
10 **el prefacio:** Vorwort.
13 **encadenar:** anketten, anbinden.
14 **implacable:** unerbittlich, eisern.
15 **el don:** Gabe, Talent.
el látigo: Peitsche.
16 **autoflagelarse:** sich (selbst) kasteien, sich (selbst) quälen.
17 **inquieto/a:** unruhig.
18 **hojear:** blättern, überblättern.
19 **impregnarse:** sich voll saugen; hier (fig.): aufnehmen.

MANUELA. Es como para que se te quiten las ganas de escribir …

ESTEBAN. ¡No seas bruta! ¡Es un prefacio maravilloso!

MANUELA. ¿Qué quieres hacer mañana para celebrar tu cumpleaños?

ESTEBAN. Ir al teatro … Huma Rojo se despide esta semana …

Manuela hace un gesto de afirmación con la cabeza. O.K.

ESTEBAN. Mamá, me gustaría también ver uno de los seminarios que haces, si no te importa.

MANUELA *(muy extrañada)*. ¿Y eso? …

ESTEBAN *(algo cortado)*. Estoy escribiendo un relato sobre ti, para mandarlo a un concurso en Alicante.

A Manuela no le hace mucha gracia, pero no dice nada.

ESTEBAN. Me gustaría verte en las dramatizaciones esas que hacéis en el cursillo de donación de órganos … Lo que me has contado me parece muy alucinante.

MANUELA *(duda)*. Déjame consultarlo. El seminario es sólo para los médicos, pero Mamen, la sicóloga que lo lleva, es amiga mía, no creo que haya problema …

12 **extrañado/a:** verwundert.
13 **cortado/a:** verlegen, betreten.
el relato: Erzählung.
14 **el concurso:** Ausschreibung, Wettbewerb.
17 **el cursillo** (dim.): *el curso.*
17 f. **la donación de órganos:** Organspende.
18 f. **alucinante:** unglaublich, fantastisch.
21 f. **la sicóloga que lo lleva:** die Psychologin, die es leitet.

ESTEBAN. Gracias.

De repente, como si acabara de decidirlo:

MANUELA. Oye, creo que no me gusta que escribas sobre mí.

No es una duda, sino una afirmación.

6./7. SEMINARIO O.N.T. SALÓN GRANDE. – INT. DÍA.

Un amplio salón, dividido por dos mitades; en la primera mitad hay una gran mesa rectangular con una veintena de médicos sentados a su alrededor. Miran la pantalla de un vídeo, alguno toma notas, o hace comentarios en voz baja con algún compañero.
Preside la mesa Mamen, la sicóloga que imparte el seminario.

Desplazado, en un banco casual, junto a una de las paredes, Esteban sigue con atención la dramatización. No forma parte del grupo. Toma notas, de vez en cuando, en su cuaderno.
El salón está ocasionalmente dividido por unos amplios expositores.

8 **amplio/a:** weit, geräumig.
9 f. **una veintena:** ungefähr zwanzig.
13 **presidir la mesa:** den Vorsitz haben.
impartir: leiten, halten, durchführen.
15 **desplazado/a:** deplatziert, fehl am Platz.
casual: zufällig; hier: alltäglich (von engl. *casual*).
19 **ocasionalmente** (adv.): gelegentlich, für diese Gelegenheit.
20 **el expositor:** Schautafel.

En un rincón de esta segunda parte del gran salón, tras unos biombos, Manuela y dos médicos vestidos de blanco, alrededor de una mesa fea y casual, hacen una de las simulaciones. Un cámara graba en directo lo que el resto de los médicos y Esteban están viendo.

MÉDICO 1. Su marido ha muerto.

MANUELA. No puede ser. Acabamos de verle en la U.V.I. y parecía que respiraba.

MÉDICO 2. Ya se lo hemos explicado, señora. Son las máquinas, que le están oxigenando. ¿Quiere que avisemos a algún familiar?

MANUELA. No tengo familia. Sólo mi hijo. ¡Dios mío! ¡Cómo voy a decírselo …!

Manuela llora sin crispación.
Esteban mira atentamente la pantalla de vídeo que emite en directo lo que ocurre detrás de los biombos. Abre su cuaderno y apunta algo.
Manuela y los dos cirujanos jóvenes están improvisando una situación-tipo en la que dos médicos le comunican a una mujer la muerte accidental de su marido. La enfermera resulta muy verosímil en su papel de viuda repentina, bastante más que sus compañeros. Los dos médicos parecen colegiales haciendo una función de teatro.

2 **el biombo:** Wandschirm, spanische Wand.
4 **la simulación:** Nachstellung, Simulation.
grabar: hier: aufnehmen, aufzeichnen.
10 **oxigenar:** mit Sauerstoff versorgen, beatmen.
14 **sin crispación:** gelöst, in aller Ruhe (*la crispación:* Verkrampfung).
21 **verosímil:** glaubwürdig.
22 **repentino/a:** plötzlich.
23 **el/la colegial:** Schüler(in); hier: Schuljunge.

La escena tiene algo de siniestro. Aunque sea una representacíon resulta muy desasosegante. Esteban no puede evitar pensar en su padre muerto.
Mamen mira al chico de vez en cuando, como si adivinara sus pensamientos.

MÉDICO 1. En vida, su esposo dijo algo en relación a la donación de órganos ... ¿le preocupaban estos temas?

MANUELA *(oscura)*. En vida, a mi marido sólo le preocupaba vivir.

MÉDICO 1. Pero supongo que era solidario ... con la vida de los demás ...

MANUELA *(a propósito)*. No le entiendo ...

El Médico 2 empieza a perder la paciencia, aunque lo disimule.

MÉDICO 2. Mi compañero quiere decir que los órganos de su marido pueden salvar la vida de algunos enfermos ... pero para ello necesitamos la autorización de usted.

Elipsis.

Por corte. Se rebobina la dramatización.

1 **siniestro/a:** finster, unheilvoll.
2 **desasosegante:** beunruhigend.
4f. **adivinar:** (er)raten.
11 **suponer:** vermuten, annehmen.
14 **perder la paciencia:** die Geduld verlieren.
15 **disimular:** verbergen, nicht zeigen.
18f. **la autorización:** Genehmigung, Ermächtigung.
20 **el elipsis:** Ellipse, Auslassung; hier (cin.): Zeitsprung.
21 **rebobinar:** zurückspulen.

MAMEN. Ahora, vamos a comentar los incidentes de la simulación.

Manuela y los dos médicos salen de entre los biombos, y se reúnen en la mesa central con el resto de los seminaristas. Cuando Manuela pasa junto a Esteban le hace un guiño cariñoso.

8./9. MADRID. BAR FRENTE AL TEATRO BELLAS ARTES. FACHADA DEL TEATRO. – EXT. NOCHE.

Primer plano de Esteban escribiendo en su cuaderno de notas. Se escucha el ruido del bolígrafo sobre el papel. El chico apoya el cuaderno sobre un velador, cerca de la ventana de un bar situado justo frente al teatro Bellas Artes.

La fachada del teatro muestra como única ilustración de la función un superprimer plano de su protagonista Huma Rojo, que naturalmente hace de Blanche Dubois▸. *Desde donde está Esteban da la impresión de que el rostro descomunal de Huma Rojo vigila la es-*

1 **los incidentes** (pl.): hier: Ablauf (*el incidente:* Zwischenfall).
6 **el guiño:** Zwinkern.
8 **la fachada:** Fassade.
10 **el primer plano** (cin.): Nahaufnahme, Großaufnahme.
12 **el velador:** kleiner runder Tisch (mit nur einem Fuß).
15 **la ilustración:** Darstellung, Abbildung, Illustration.
16 **la función:** hier (cin., tea.): Vorstellung.
17 **hacer de alg.** (tea.): jdn. (eine Rolle) spielen.
19 **el rostro:** Gesicht, Antlitz.
descomunal: riesig, überdimensional.
vigilar: überwachen.

critura del adolescente. En la parte superior de la marquesina aparecen los coprotagonistas, Nina Cruz y Mario del Toro y el título de la obra, «Un tranvía llamado deseo»▸, de Tennessee Williams▸. El rostro de Blanche cubre toda la fachada.

Aparece Manuela. Se pasea por la fachada del teatro buscando a su hijo con la mirada. Esteban la mira y sigue apuntando algo en su cuaderno. Desde el punto de vista de Esteban es como si Manuela se paseara por el rostro de Blanche, fundiéndose con ella. La noche amenaza lluvia, y Manuela se ha vestido pensando en esa eventualidad. Recuerda la presentación de Anne Baxter▸ en «All about Eve». Mira al cielo. Se toca el gorro y el pelo, como para asegurarse

1 f. **la marquesina:** Glasdach.
12 **la eventualidad:** Möglichkeit.

de que ambos continúan en el lugar que los dejó antes de salir de casa.
Esteban la mira sin ser visto, la clandestinidad de su mirada proporciona a la escena desazón e impudor.
Dobla el cuaderno y sale corriendo del bar.

10. CALLE Y FACHADA DEL TEATRO BELLAS ARTES. – EXT. NOCHE.

Esteban cruza la calle deprisa y sin mirar; un coche le pasa rozando, a punto de atropellarle. Manuela lo ve y se lleva un susto de muerte.
Cuando Esteban llega a su lado le reprende, muy enfadada y muy madre.

MANUELA. ¡Mira por dónde vas, cuando cruces la calle! ¿en qué pensabas?
ESTEBAN. En nada. Es que había tenido una idea …
MANUELA *(despectiva)*. ¡Una idea!

Entran en el edificio del teatro, después de darle las entradas al portero.

3 **la clandestinidad:** Heimlichkeit.
4 **proporcionar:** verleihen, geben.
la desazón: Unbehagen.
el impudor: Schamlosigkeit.
8 **deprisa:** schnell, eilig.
9 **rozar:** streifen.
estar a punto de (+ inf.): kurz davor sein etwas zu tun, nahe daran sein etwas zu tun.
10 **llevarse un susto de muerte:** zu Tode erschrecken.
11 **reprender:** zurechtweisen.
16 **despectivo/a:** verächtlich.

Un primer plano de los ojos de Blanche, en la fachada. Un lento travelling hacia atrás nos va descubriendo el rostro entero. Decorado, testigo y fachada: Blanche. Al principio del travelling empiezan a oírse las voces de los personajes que intervienen en la función. Después aparecen sobreimpresionados en el rostro de Blanche. Por un momento da la impresión de que el rostro de Blanche es el decorado de su propia historia. Lo cual la convierte en testigo mudo de su desgracia.

11. TEATRO BELLAS ARTES. ESCENARIO. – INT. NOCHE.

Representación de «Un tranvía llamado deseo». Decorado abstracto y vestuario hiperrealista contemporáneo. La mesa sobre la que juegan al póker, la bombilla desnuda, el joyero en forma de corazón de Blanche, el baúl lleno de ropa, los restos de baranda forjada en hierro (resonancias de Nueva Orleans) son totalmente realistas. Y por supuesto, los sentimientos de los personajes.

2 **el lento travelling** (auch: *tráveling*, cin.): langsame Kamerafahrt.
3 **el testigo:** Zeuge.
5 **intervenir:** teilnehmen.
6 **el sobreimpresionado** (cin.): Überblendung.
9 **mudo/a:** stumm.
la desgracia: Unglück.
13 **el vestuario:** Kleidung.
hiperrealista: hyperrealistisch (*hiper-:* sehr; verstärkende Vorsilbe).
15 **el joyero:** Schmuckkästchen, Schmuckschatulle.
16 **el baúl:** Koffer, Truhe.
16 f. **la baranda forjada de hierro:** schmiedeeisernes Geländer (*forjar:* schmieden).

La acción transcurre en el espacio que representa la habitación de Blanche. Una cortina la separa del comedor. No hay muebles. También el cuarto de baño está separado de la habitación por una cortina. La casa de las Dubois (incluso en su versión más abstracta) respira precariedad. El decorado puede recordar la desnudez esencial de Bob Wilson▸*, pero la interpretación es de un naturalismo hardcore. En lo que se supone es el comedor, bajo una bombilla desnuda, Kowalski*▸ *juega al póker con un grupo de sudorosos amigotes. Una nube de humo los separa del resto.*

Habitación de Blanche.
Una Enfermera enorme tiene a Blanche cogida por los brazos. La abate con facilidad. La tumba en el suelo y se monta encima de ella, sin dejar de sujetarle los brazos. Blanche no puede luchar contra la Enfermera, está totalmente inmovilizada. Por extraño que parezca, la Enfermera le mira las uñas y le comenta al Doctor, que está junto a ellas.

ENFERMERA. Habrá que cortarle las uñas …

1 **transcurrir:** verstreichen; hier: spielen.
6 **la precariedad:** Unsicherheit.
8 **ser de un naturalismo hardcore** (ingl.): zutiefst naturalistisch sein.
10 **sudoroso/a:** verschwitzt.
11 **el amigote:** Busenfreund, guter Freund (*-te* ist verstärkende Nachsilbe).
14 **abatir:** niederwerfen, -reißen.
tumbar: zu Boden werfen.
15 **montarse encima de alg.:** sich auf jdn. setzen.
sujetar: festhalten.
17 **inmovilizado/a:** bewegungslos.
18 **la uña:** Fingernagel.

El médico no dice nada. Tiene la mirada fija en el rostro de Blanche. Es un caballero, vestido de traje.

ENFERMERA. La camisa, doctor.

Se refiere a la camisa de fuerza. El Doctor continúa mirando a la mujer abatida.

BLANCHE *(musita)*. Por favor … Dígale que me suelte.
DOCTOR. Suéltela.

En contra de su voluntad, la enfermera libera a la frágil demente.
Blanche se levanta. El doctor la recibe con una sonrisa y le ofrece caballerosamente el brazo.

DOCTOR. Levántese. Apóyese en mi brazo, señorita Dubois.

Blanche se agarra a él, y le dedica una mirada inmensamente agradecida.

BLANCHE. Gracias. Quienquiera que sea, siempre he confiado en la bondad de los desconocidos.

Salen por la derecha del escenario. Kowalski y los jugadores de póker continúan a lo suyo, es decir: beber, jugar y sudar.
Stella aparece por la izquierda del escenario. No estaba presente en la escena anterior porque había ido a

2 **el caballero:** Gentleman.
4 **la camisa de fuerza:** Zwangsjacke.
6 **musitar:** flüstern, raunen.
9 **demente:** schwachsinnig.
12 **apoyarse en alg.:** sich auf jdn. stützen.
14 **agararrse:** sich festklammern, -halten.
16 **quienquiera:** wer auch immer.

por el niño, que estaba llorando. Lleva al crío en los brazos y no soporta ver cómo desaparece su hermana, del brazo de un médico desconocido.

12. TEATRO BELLAS ARTES. PATIO DE BUTACAS. – INT. NOCHE.

En el patio de butacas, Manuela contempla la obra con una intensidad que va más allá de la mera expectación. Intenta controlar el cúmulo de emociones que le provoca.
A su lado, Esteban disfruta del espectáculo. De vez en cuando mira a su madre, luchando contra las lágrimas.

VUELTA A LA SECUENCIA **11.**

Kowalski se levanta de la mesa de póker e intenta animar a su mujer, como quitándole importancia a la situación.

KOWALSKI. Vamos, nena ... ya pasó lo peor.

Intenta cogerla por el codo, pero Stella le rechaza con todo su cuerpo.

1 **el crío:** Kleinkind, Kleine(r, s).
2 **soportar:** ertragen.
4 **el patio de butacas:** Zuschauerraum (*la butaca:* Lehnstuhl; hier, cin./tea.: Parkettsitz).
7 f. **la mera expectación:** die bloße Erwartung.
8 **el cúmulo:** Menge.
10 **disfrutar de algo:** etwas genießen.
16 **la nena** (fam.): Kleine.
17 **el codo:** Ellenbogen.

STELLA. ¡No me toques! … no vuelvas a tocarme, ¡hijo de puta!

KOWALSKI *(más que nada, por los otros hombres)*. ¡Cuidado con lo que dices!

Y vuelve a su lugar bajo la bombilla desnuda. Stella se dirige a la parte derecha del escenario, por donde antes desapareció su hermana.

KOWALSKI *(sin mirarla, ni dejar de jugar)*. ¡Stella! ¡Ven aquí!

STELLA *(le murmura al niño que lleva en brazos)*. No volveré a esta casa nunca más. ¡Nunca!

Estrecha al niño contra su pecho. Y se va, despacio. Kowalski ni se da cuenta. Y la sigue llamando, con la misma autoridad. Con la misma confianza.

KOWALSKI. ¡Stella! ¡Stella!

Por corte.

13. CALLE DEL TEATRO BELLAS ARTES. – EXT. NOCHE.

Llueve torrencialmente. Los espectadores salen del teatro y se dispersan rápidamente bajo la lluvia. Por suerte Manuela trajo un paraguas.

1 f. **el hijo de puta** (vulg.): Hurensohn (*la puta*, vulg.: Nutte).
10 **murmurar:** murmeln, flüstern.
12 **estrechar:** an sich drücken.
19 **llueve torrencialmente** (adv.): es regnet in Strömen.
20 **dispersarse:** sich verlieren.

ESTEBAN. Me gustaría pedirle un autógrafo a Huma Rojo.
MANUELA. ¿Un autógrafo, con este tiempo?
ESTEBAN *(sonríe)*. ¡Qué tiene que ver!

Se guarecen bajo la puerta del bar (cerrado a esta hora), frente al teatro. Además de cobijarse de la lluvia, desde allí pueden controlar la puerta de la salida de artistas.

Por corte.

14. PUERTA DEL BAR (CERRADO). FRENTE AL TEATRO BELLAS ARTES. – EXT. NOCHE.

Manuela se impacienta. De la puerta no sale nadie. Y la lluvia arrecia.

MANUELA. Oye, ¿y si no sale nadie?
ESTEBAN. Espera un poquito … ¡es mi cumple!

De la salida de artistas empiezan a salir algunos de los actores, y el Regidor. Miran la lluvia con hostilidad. La actriz que hacía de enfermera, comenta fastidiada: – ¡Mira! Ya está aquí el otoño.
El grupo se divide y desaparece enseguida.

1 **el autógrafo:** Autogramm.
5 **guarecerse:** sich unterstellen.
6 **cobijarse:** Schutz suchen.
12 **impacientarse:** ungeduldig werden.
13 **arreciar:** stärker werden, zunehmen.
15 **el cumple** (fam.): *el cumpleaños.*
17 **el regidor** (tea.): Inspizient.
con hostilidad (f.): feindselig.

15. PUERTA DEL BAR (CERRADO). FRENTE AL TEATRO BELLAS ARTES. – EXT. NOCHE.

Al otro lado de la calle, Esteban y su madre continúan pendientes de la puerta. Manuela mira la lluvia pensativa.

ESTEBAN *(comenta)*. ¿Te ha emocionado mucho Nina Cruz, verdad?

MANUELA *(seria)*. Ella no, Estela. Hace 20 años, con el grupo de mi pueblo montamos una versión de El Tranvía … yo hacía de Stella, y tu padre de Stanley Kowalski.

Esteban se le queda mirando, serio.

ESTEBAN. Algún día tendrás que contármelo todo sobre mi padre. No basta que me digas que murió antes de que yo naciera.

Manuela guarda un instante de silencio, antes de devolverle la mirada. El tema no es agradable.

MANUELA. No es un asunto fácil de contar …

ESTEBAN. Me imagino. Si no, ya me lo habrías contado. Estuve a punto de pedírtelo como regalo de cumpleaños …

MANUELA. No estoy segura de que sea un buen regalo.

ESTEBAN *(enfático)*. ¡Te equivocas! ¡Para mí no hay mejor regalo!

4 **estar pendiente de algo:** auf etwas aufpassen.
14 **bastar:** (aus)reichen, genügen.
16f. **devolver la mirada:** den Blick erwidern (*devolver:* zurückgeben, wiedergeben).
23 **enfático/a:** eindringlich, nachdrücklich.

Pausa. Manuela guarda un breve y concentrado silencio.
Madre e hijo contemplan la lluvia.

MANUELA *(grave)*. Entonces ... te lo contaré todo cuando lleguemos a casa.

Lo dice como una autocondena. Esteban la besa agradecido en la mejilla. Oyen gritos en la acera de enfrente.

16. CALLE DEL TEATRO BELLAS ARTES. SALIDA DE ARTISTAS. – EXT. NOCHE.

Huma y Nina salen por la puerta de salida de artistas, las dos con cara de perro. Vienen discutiendo.

NINA *(se queja, en mal tono)*. ¡Esto del teatro es peor que ser monja de clausura!

HUMA. ¡Para ti, todo lo que no sea salir y ponerte hasta el culo de todo lo que pilles, es ser monja de clausura!

Nina levanta la mano. Harta.

NINA. ¡Taxi!

6 **como una autocondena:** wie um sich selbst zu (be)strafen (*la condena:* Verurteilung).
7 **la mejilla:** Wange.
la acera: Gehweg.
11 **con cara de perro** (fig.): schlecht gelaunt.
13 **la monja de clausura:** Klosterschwester.
14f. **ponerse hasta el culo de todo lo que uno pille** (fam.): etwa: sich zudröhnen mit allem was man nur erwischen kann (Drogen; *el culo*, fam.: Hintern, *hasta el culo:* bis obenhin, total; *pillar:* antreffen, erwischen; auftreiben).
17 **harto/a:** satt, überdrüssig; hier: genervt.

Huma protege a las dos con un paraguas.
Inmediatamente un taxi se detiene frente a ellas.
Entran rápido en el vehículo.

17. CALLE DEL TEATRO BELLAS ARTES.
DENTRO Y FUERA DEL TAXI. – EXT. NOCHE.

Esteban mira alucinado la escena. Comprende que si no reacciona pronto, Huma se le va a escapar. Corre hacia el vehículo y se acerca a la ventanilla de ella. La encuentra herméticamente cerrada.
Esteban toca el cristal y le hace gestos muy expresivos para que abra. Lleva su cuaderno en la mano. Lo pega al cristal para que lo vea.
Huma le mira, impotente y confusa, mientras Nina le da la dirección al taxista.

NINA. Alfonso XIII‣, por favor.

El taxi arranca, dejando a Esteban en medio de la calle, a expensas de la lluvia.
Manuela se acerca al hijo y le cubre con el paraguas. La situación resulta absurda y angustiosa.
Desde el interior del taxi, Huma vuelve la cabeza y mira al chico a través del cristal nebuloso. Le sonríe, como disculpándose.

6 **alucinado/a:** entgeistert.
9 **herméticamente** (adv.): hermetisch; hier: komplett, völlig.
13 **impotente:** machtlos, unfähig.
17 **a expensas de la lluvia:** hier (fig.): im Regen (*las expensas:* Kosten).
19 **angustioso/a:** beklemmend, beängstigend.
21 **nebuloso/a:** nebelig; hier: beschlagen.

Esteban interpreta el gesto de la diva como una invitación y echa a correr detrás del coche.
En mitad de la calle, sola bajo el paraguas, Manuela le ordena:

MANUELA. ¡Esteban, déjalo ya!

18. CALLE DEL TEATRO BELLAS ARTES.
– EXT. NOCHE.

El taxi de Huma tuerce por la derecha, en dirección Cibeles▸. *Por la izquierda, es decir, de Sol*▸, *se acerca un coche a toda velocidad. Desde dentro de este vehículo vemos a Esteban llegar corriendo a la esquina. Se le ve sólo un instante, lo que dura la coli-*

2 **echar a** (+ inf.): etwas zu tun beginnen.
12 f. **la colisión:** Zusammenstoß.

sión. El choche embiste al muchacho con fuerza, el cuerpo de Esteban choca contra el cristal y sale despedido por el morro. Del impacto el cuaderno sale volando.

Manuela lo ve todo, incluso antes de que ocurra. Suelta el paraguas, que da vueltas, empujado por el viento, y corre hacia el cuerpo de su hijo.

No se ve un alma. Sólo la lluvia y los gritos de Manuela.

Manuela grita como una fiera.

El coche se da a la fuga.

Esteban yace inmóvil en medio de la calle. Su sangre empapa el riachuelo de agua de lluvia que corre junto a la acera.

19. HOSPITAL. SALA JUNTO A U.C.I. – EXT. NOCHE.

Manuela espera, sentada en una fea butaca de eskay. Su amiga Mamen, la sicóloga, está sentada junto a ella. No hablan. Manuela aprieta con la mano derecha el cuaderno de notas, empapado y sucio, de su hijo. Es

1 **embestir a alg.:** jdn. anfahren, mit jdm. zusammenstoßen.
2f. **salir despedido/a:** weggeschleudert werden.
3 **el morro** (fam.): Maul, Schnauze; hier: Kühlerhaube.
10 **como una fiera** (fig.): rasend, unmenschlich (*la fiera:* Bestie).
11 **darse a la fuga:** die Flucht ergreifen.
12 **yacer inmóvil:** bewegungslos liegen.
13 **empapar:** (durch)tränken, benetzen; hier: sich vermischen.
el riachuelo: Rinnsal.
15 **la U.C.I.:** *la Unidad de Cuidado Intensivo:* Intensivstation.
17 **el eskay** (auch: *skay*): Lederimitat, Kunstleder (Skai).

como si le tuviera agarrado de la mano con que escribía esas notas. Las palabras de Esteban se le escurren entre los dedos.

OFF-ESTEBAN. «Mañana cumplo diecisiete años, pero parezco mayor. A los chicos que vivimos solos con nuestra madre se nos pone una cara especial, más seria de lo normal, como de intelectual o escritor.»

Las dos mujeres están sentadas frente a una de las puertas de la U.C.I.
Manuela tiene las mejillas y los párpados hinchados y rojos, incluso los labios. Ha debido llorar mucho en la elipsis anterior a esta secuencia. Parece no tener pestañas, como si se le hubieran disuelto con las lágrimas. El pelo desordenado y seco.

20. HOSPITAL. INTERIOR U.C.I.
– INT. NOCHE.

Detalles de un electroencefalograma. El gráfico que se imprime en un papel sin fin es una línea delgada como el filo de una navaja, la breve línea que separa la vida de la muerte. Esteban ha cruzado esa línea. Su cuerpo, conectado a múltiples aparatos, yace inmóvil. El pecho

2 **escurrirse:** zerrinnen, zerfließen.
4 **off** (cin., ingl.): aus dem Off.
cumplo diecisiete años: ich werde 17 Jahre alt.
11 **el párpado:** Lid.
hinchado/a: geschwollen.
19 f. **como el filo de una navaja** (fig.): hauchdünn (*el filo:* Schneide; *la navaja:* Taschenmesser).

se le agita levemente, como si respirara, pero no es su alma adolescente quien lo alienta. Una máquina respira por él.

21. COORDINACIÓN TRASPLANTES Y O.N.T. – INT. NOCHE.

Conversación telefónica.
Despacho de Coordinación de Trasplantes (como en la secuencia 0-B), el lugar que ocupaba Manuela en ese despacho lo ocupa ahora otra mujer, vestida también de enfermera.

ENFERMERA. Soy Lola, del Ramón y Cajal.

En el despacho de la Organización Nacional de Trasplantes, la misma chica con un tercer ojo entre las cejas, la que aparecía en la secuencia 0-C, le responde a la Enfermera.

CHICA. Sí, dime, Lola.
ENFERMERA. Tenemos un posible donante, está en la U.C.I., acaban de hacerle el primer encefalograma, pero la madre todavía no ha dado el consentimiento.
CHICA. ¿Me das los datos?
ENFERMERA. No los tengo, es el hijo de Manuela, por eso te llamo yo, y no ella …
CHICA. Manuela, ¿la que yo conozco? … ¿la Coordinadora?
ENFERMERA. Sí. Ha muerto. ¡Es horrible!

2 **alentar:** (be)atmen; hier (fig.): am Leben erhalten.

22. CENTRAL O.N.T. – INT. NOCHE.

En la central de la O.N.T. la chica del tercer ojo mira listas, archivos, etc., para decidir cuál es el receptor ideal, o al que le corresponde según una larga lista de espera. Según las listas, el receptor idóneo para el corazón de Esteban reside en A Coruña▸.

23. SALA HOSPITAL JUNTO U.C.I. – INT. NOCHE.

Se abre la puerta de la U.C.I., aparecen dos médicos cabizbajos. Van hacia Mamen y Manuela. Son los mismos médicos que hicieron con ella la dramatización en el cursillo, el día anterior.
Manuela imagina lo que van a decirle, pero se resiste a oírles.

MÉDICO 2. Manuela, desgraciadamente el resultado del encefalograma es el que nos temíamos, hay que tomar una decisión. No tenemos tiempo.

Lenta y distraída, como drogada, Manuela reacciona de modo confuso. Tarda en comprender lo que le dicen sus compañeros.
Los médicos actúan con extraordinaria delicadeza y mucha más convicción que por la mañana en el seminario. Pero algo falla en la actuación de Manuela.

5 **idóneo/a:** geeignet.
9 **cabizbajo/a:** niedergeschlagen, mit hängendem Kopf.
17 **distraido/a:** abgelenkt, zerstreut.
20 **la delicadeza:** Feingefühl.
21 **la convicción:** Überzeugung.
22 **fallar:** versagen, fehlschlagen.

Se halla fuera del personaje, no acepta ni admite la parte de guión que le corresponde.
Manuela les mira como asustada. Mamen no sabe qué hacer para ayudar. Trata de mantenerse al margen para que Manuela decida con libertad.

MÉDICO 1. ¿Te comentó Esteban algo sobre el seminario?

Manuela trata de recordar, pesadamente.

MÉDICO 2. Creo que fue él quien te pidió verlo …

1 **hallarse:** sich befinden.
admitir: zulassen; hier: annehmen.
2 **el guión:** Drehbuch.
3 **asustado/a:** erschrocken.
4 **mantenerse al margen:** sich zurückhalten (*el margen:* Rand).
8 **pesadamente** (adv.): schwerfällig, bleiern.

MANUELA. Sí … Yo le había hablado de las dramatizaciones y él sentía curiosidad.

MÉDICO 1. ¿Y qué le pareció?

Manuela trata de recordar.

MANUELA. Me preguntó en qué pensaba cuando lloraba … Él creía que pensaba en su padre, pero le dije que no. Entonces me dijo que yo era muy buena actriz, y vosotros muy malos …

Los médicos escuchan cada una de sus palabras con respeto, atención e impaciencia.

MÉDICO 2. ¿Y no te comentó nada más? *(Manuela no responde)*. ¿Qué pensaría él si supiera que en este momento puede salvar la vida de alguien?

Manuela les mira, suplicante, con los ojos desmesuradamente abiertos de horror.
Mamen le coge la mano.

24. VARIOS DECORADOS. – A LO LARGO DE LA NOCHE.

La mecánica del trasplante. (Imágenes muy breves, apoyadas a veces por un letrero en la base del fotograma explicando el lugar donde ocurre, y el nombre y la función de los personajes, si fuera necesario.)

14 **suplicante:** flehend, bittend.
14 f. **desmesuradamente** (adv.): unverhältnismäßig, riesig.
20 **apoyado/a:** unterstützt, begleitet.
el letrero: Schild.
20 f. **en la base del fotograma:** am unteren Rand des Standbildes, der Einzelaufnahme.

1. La Coordinadora de la O.N.T. (la del tercer ojo) llama al hospital de A Coruña y habla con el equipo de trasplantes.

2. En su domicilio, el enfermo coruñés está acostado, respira con dificultad. Se oye la chicharra de un busca. El enfermo lo lleva encima, como una medalla, una joya o una brújula. Enciende la luz, lo coge y lee el mensaje. Es sólo un número de teléfono. El del hospital. «Tenemos que ir al hospital», le dice a la mujer con la que comparte enfermedad y cama. «No te excites, tranquilo». Los nueve números del mensaje significan la posibilidad de conseguir un corazón joven, para trasplantárselo.

3. En Madrid, Manuela firma la autorización por la cual dona los órganos de su hijo, el corazón … A su lado, Mamen. Manuela firma sin pulso, parece una sonámbula.

4. El equipo de trasplantes de A Coruña camina a pie de pista antes de embarcar en un pequeño jet particular que les trasladará a Madrid. El cirujano coruñés lleva de la mano una especie de maleta-frigorífico

4 **coruñes:** aus A Coruña stammend.
5 **la chicharra de un busca:** das Geräusch eines Piepsers.
6 **la medalla:** Medaille.
7 **la brújula:** Kompass.
16 **sin pulso:** kraftlos.
16f. **el sonámbulo / la sonámbula:** Schlafwandler(in).
18f. **caminar a pie de pista:** zu Fuß über die Startbahn laufen.
19 **embarcar:** einsteigen (Flugzeug, Schiff).
19f. **el jet particular:** Privatjet (*particular:* eigen, persönlich).
21 **la maleta-frigorífico:** Kühlbox.

(como las que se utilizan en los picnics) en cuyo interior transportará el órgano. La cámara presta especial atención a este frigorífico.

5. En Madrid, el cuerpo de Esteban es conducido rápidamente en una camilla al quirófano. Mostrar preferiblemente la mecánica, más que el cuerpo del donante, etc. Como si se tratara de una operación militar.
La camilla desaparece por la puerta del quirófano.

6. El equipo de trasplantes coruñés llega a Barajas▸. Cruzan la pista … atención al hombre del maletín-frigorífico …

7. El mismo equipo avanza por el pasillo donde anteriormente hemos visto en una camilla que llevaban el cadáver de Esteban.

8. Entran por la puerta del quirófano.

9. Salen por la misma puerta. De nuevo el maletín …

10. Hospital de A Coruña. Dentro, en el quirófano preparan al enfermo que anteriormente hemos visto en su casa, con su mujer.

25. A CORUÑA. HOSPITAL A CORUÑA. – EXT. DÍA.

Tres semanas después. Alrededores Hospital A Coruña.

El enfermo sale del hospital, acompañado de su mujer y dos familiares catetas.

5 **la camilla:** Krankenbahre, Krankenbett.
el quirófano: Operationssaal.
10 **el maletín:** Handkoffer, Köfferchen.
23 **cateto/a:** tölpelhaft; hier: betulich (*el cateto:* Tölpel).

Oculta tras unos coches aparcados, una mujer con gafas negras espía furtivamente la salida del enfermo. Es Manuela.

El enfermo pasa muy cerca de ella, Manuela no puede evitar mirarle al pecho, el lugar donde ahora palpita el corazón de su hijo.

26. MADRID. CASA MANUELA. HABITACIÓN ESTEBAN. – INT. ATARDECER.

Otro día.

Manuela entra en casa, con una maleta y un bolso. Está más delgada, tiene ojeras y el cabello descuidado y triste.

Deja el equipaje en el vestíbulo. A pesar de la oscuridad no enciende la luz. Va directamente a la habitación de su hijo.

OFF-ESTEBAN. «Anoche mamá me enseñó una foto de cuando era joven, le faltaba la mitad. No quise decírselo, pero a mi vida también le falta ese mismo trozo …»

Manuela abre la puerta de la habitación de Esteban. Su rostro no expresa nada, carece de registros para ex-

2 **espiar:** (aus-, nach)spionieren, bespitzeln.
furtivamente (adv.): heimlich.
5 **palpitar:** schlagen (Herz).
8 **el atardecer:** (Abend-)Dämmerung.
11 **las ojeras:** Ringe unter den Augen.
descuidado/a: ungepflegt, nachlässig.
13 **el vestíbulo:** Eingang, Vorraum.
21 **carece de registros:** es mangelt ihm an Ausdrucksmöglichkeiten.

presar tanta desolación. La oscuridad y el silencio, hacen de la habitación un espacio inmenso. Los objetos de Esteban siguen donde siempre, en las estanterías, también ellos han perdido vida.
Suena el timbre de la puerta.

27. CASA MANUELA. SALÓN. – INT. DÍA.

Manuela abre la puerta, sin encender la luz.
Al otro lado se halla su amiga y sicóloga Mamen.
Mamen la abraza cariñosamente. Manuela se deja abrazar, seria y exhausta. En esa tesitura se mantiene durante toda la escena.
Mamen se extraña de ver la casa a oscuras.

MAMEN. ¡Estaba muy preocupada, pensé que no me ibas a llamar nunca!
MANUELA. Te he llamado nada más llegar a Madrid …
MAMEN. Me refiero a Argentina. Yo te he llamado un montón de veces, pero debí apuntar mal el número de tu tía …
MANUELA. No fui a Argentina, Mamen. He estado en La Coruña …

Hasta este momento, las dos mujeres han permanecido al lado de la puerta, medio abrazadas.
Manuela se separa de Mamen y entra en la cocina pró-

1 **la desolación:** Verzweiflung.
10 **exhausto/a:** erschöpft.
la tesitura: Stimmung, Verfassung.
17 **un montón de veces:** unzählige Male (*el montón:* Haufen).

xima. Mamen la sigue en la oscuridad. Dentro de la cocina Manuela tampoco enciende la luz.

MAMEN *(atónita)*. En La Coruña … ¿para qué?

Manuela abre una grifo de la pila y llena un vaso de agua.

MANUELA. Me fui tras el corazón de mi hijo …

De uno de los bolsillos extrae una caja de Lexatín e ingiere una cápsula.

MAMEN *(alarmada)*. ¿Pero quién te ha dicho …? ¿cómo sabes tú …?

MANUELA *(la interrumpe)*. Yo misma hurgué en los archivos hasta averiguar el nombre y la dirección del receptor del trasplante.

Mamen pulsa el interruptor de la luz, como si con ello expresara su total desacuerdo. Le impresionan la delgadez y las ojeras de Manuela. Comprende que su amiga se halla al otro lado del dolor, un lugar en el que Manuela no la reconoce.
Manuela mira a Mamen como a una extraña.

4 **el grifo:** Wasserhahn.
la pila: Waschbecken.
7 **extraer:** herausnehmen.
Lexatín: starkes Beruhigungsmittel in Kapselform (Markenname).
7f. **ingerir:** einnehmen.
11 **hurgar:** (herum)wühlen, (herum)kramen.
12 **averiguar:** ausfindig machen, ermitteln
14 **pulsar el interruptor de la luz:** das Licht einschalten.
19 **el extraño / la extraña:** Fremde(r).

MAMEN. ¡No debías haberlo hecho! ¡Además de un abuso, es el mejor modo de volverte loca! *(La abraza y la zarandea, para que reaccione.)* ¡Mírame, coño!

MANUELA. Lo mejor es que deje de trabajar en la O.N.T. y me vaya de Madrid.

MAMEN. Yo no he dicho eso …

MANUELA. Pero lo piensas y tienes razón *(mira las maletas)*. Creo que ni siquiera voy a deshacer las maletas …

MAMEN. No estás para viajar sola, Manuela. Estás enferma. Tienes que descansar, y recuperarte. Me quedo contigo esta noche.

MANUELA. No.

MAMEN. Pues vente a casa.

MANUELA *(tajante)*. Quiero estar sola, Mamen.

MAMEN *(ruega)*. Sé un poquito razonable.

MANUELA *(ruge, bronca)*. ¿Cómo?

Mamen no tiene respuesta a una pregunta tan simple.

2 **el abuso:** Verstoß, Missbrauch.
3 **zarandear a alg.:** jdn. schütteln.
3f. **¡Mírame, coño!** (vulg.): Schau mich an, verdammt noch mal! (*el coño*, vulg.: Fotze; interj.: Scheiße!).
9 **deshacer las maletas:** auspacken.
12 **recuperarse:** sich erholen.
16 **tajante:** scharf, schneidend.
17 **rogar:** bitten, flehen.
18 **rugir:** brüllen.
bronco/a: rau, heiser.

28. TÚNEL. – EXT. DÍA E INT. TREN.

Manuela va en el interior del compartimento de un tren, sola y casi a oscuras, con sus pensamientos. Punto de vista del largo túnel. Por el deterioro y la oscuridad parece un túnel interior, por el que Manuela conecta con su pasado.

OFF-MANUELA *(lo que piensa)*. Hace dieciocho años hice este mismo trayecto, pero al revés, de Barcelona a Madrid. También venía huyendo, pero no estaba sola. Traía a Esteban dentro de mí. Entonces huía de su padre y paradógicamente ahora voy en su busca.

29. BARCELONA. VISTA AÉREA. – EXT. ATARDECER.

La oscuridad del tren da paso a la oscuridad nocturna de Montjuic▸. Un plano aéreo se abre paso en la negrura verde del monte hasta alcanzar su cima. Superada ésta, abajo, en el valle, aparece Barcelona palpitando con miles de lucecitas titilantes.

2 **el compartimento:** (Zug-)Abteil.
4 **el deterioro:** Zerfall.
8 **el trayecto:** Strecke.
11 **paradójicamente** (adv.): paradoxerweise.
15 **dar paso:** Platz machen.
16 **el plano aéreo:** Luftaufnahme.
16 f. **la negrura:** Schwärze.
17 **la cima:** Gipfel.
17 f. **superar:** überwinden.
19 **titilar:** funkeln.

30. BARCELONA. DENTRO DEL TAXI. – INT. NOCHE.

El cristal de la ventana de un taxi catalán refleja un edificio emblemático de la ciudad (La Sagrada Familia▸). El cristal se desliza hacia abajo, y da paso al rostro de Manuela, enmarcado por la ventanilla del coche. Manuela mira al exterior.

31. BARCELONA. EL CAMPO. – EXT. NOCHE.

El mismo taxi entra en una zona de prostitución transexual. Al taxista le da mucho morbo lo que ve. Manuela mira por la ventana con la frialdad de una investigadora. Impertérrita.

TAXISTA. ¿Seguimos?
MANUELA. Sí.

El vehículo se integra en una fila de coches que da vueltas sobre un terraplén polvoriento. Es la cumbre de la prostitución travestí, el lugar donde prestan sus servicios los ejemplares más jóvenes, con mejores tetas, las

5 **deslizarse:** nach unten gleiten.
6 **enmarcar:** einrahmen, umrahmen.
la ventanilla (dim.): *la ventana.*
10 **dar mucho morbo a alg.:** jdn. auf beinahe krankhafte Weise faszinieren (*el morbo:* hier: krankhaftes Interesse).
11 **la frialdad:** Kälte; hier: Distanziertheit.
12 **impertérrito/a:** unerschrocken.
16 **el terraplén:** ebenes Gelände, Fläche.
la cumbre: Gipfel, Höhepunkt.
17 f. **prestar servicios:** Dienste leisten.
18 **la teta:** Brust, Busen; *las tetas* (fam.): Titten.

más femeninas. Las que mejores resultados han conseguido de la aventura quirúrgica.

Imagen apocalíptica: un terraplén, lleno de polvo, piedras y baches, junto a una muralla que da al cementerio. A pocos metros surge el Campo del Barça. Las trabajadoras del terraplén le llaman el Campo. «Vengo de trabajar del Campo», o «voy a trabajar al Campo». Labradoras del sexo, a destajo.

Tierra de nadie, no hay farolas, ni hierba, ni árboles. Nada (la noche, a palo seco). Sólo baches, chinatos y mucho polvo. La única luz proviene de dos o tres grandes hogueras diseminadas, y de los faros de los coches moviéndose como en una noria. Si la noche está despejada, la luna lo envuelve todo con su reflejo azulado. El resto es negrura y millones de partículas de polvo suspendidas en el aire.

De entre el polvo surgen las piernas larguísimas de los travestis, hay que fijarse mucho para distinguir con claridad por encima de sus pezones desnudos. Aparecen en grupos de dos o tres provocando o negociando sus

3 **apocalíptico/a:** apokalyptisch, endzeitlich.
4 **el bache:** Schlagloch.
8 **a destajo:** im Akkord, so schnell wie möglich.
9 **la farola:** Straßenlampe.
10 **la noche a palo seco** (fig.): schlicht und einfach Nacht.
el chinato (fam.): *la china:* Kieselstein.
12 **la hoguera:** (Lager-)Feuer.
diseminado/a: verstreut.
el faro: Scheinwerfer.
13 **la noria:** Riesenrad, großer Kreis.
18f. **la claridad:** Klarheit, Deutlichkeit.
19 **el pezón:** Brustwarze.

condiciones con los coches (también acude alguna moto, en busca de una felación fugaz). Con todo tipo de genitales al aire, alguna profesional permanece sola y estatuaria, desafiando la noche con su silueta plastificada. Gritan. Algunas se toman un momento de descanso y aprovechan para calentarse junto a alguna de las hogueras. Les atiende un coche-bar, cuyo interior lleva de todo, bragas, medias, condones, crema lubricante, diferentes tipos de bocatas. Una tienda de ultramarinos con ruedas y cuatro puertas, más el maletero, abiertos. En uno de los grupos que descansan y se recuperan junto a una hoguera y el coche-tienda hay una joven morena, vestida con una sobriedad impropia del lugar. A Manuela le llama la atención, no parece puta. Da la impresión de estar trapicheando con algo (¿drogas, condones, agujas?) la oscuridad impide ver exactamente de qué se trata. Es guapa. ¿Una yonki?

1 **acudir:** sich einfinden.
2 **la felación fugaz:** schneller Blowjob (*la felación:* Oralverkehr; *fugaz:* flüchtig).
3f. **permanecer estatuaria:** wie eine Statue stehen.
4 **desafiar:** herausfordern.
8 **el condón:** Kondom.
8f. **la crema lubricante:** Gleitcreme.
9 **la bocata:** belegtes Brötchen.
9f. **la tienda de ultramarinos:** Kolonialwarengeschäft, Lebensmittelgeschäft.
10 **el maletero:** Kofferraum.
13 **la sobriedad:** Nüchternheit.
15 **trapichear:** dunkle Geschäfte betreiben (*el trapicheo:* krumme Sache).
16 **la aguja:** Nadel (einer Injektionsspritze).
18 **el/la yonki** (ingl.): Drogensüchtige(r) (Junkie).

32. BARCELONA. PUENTES CERCANOS AL TERRAPLÉN. – EXT. NOCHE.

Después de dar una vuelta completa a la noria, el taxi vuelve por una zona donde hay dos puentes seguidos. Una zona desierta y oscura, llena de matojos. Manuela ve a una profesional en apuros. Sólo se adivinan la violencia de sus movimientos. Se debe estar pegando con alguien.

El taxi cruza de largo. Manuela le ordena al conductor que pare. El taxista obedece. Manuela se baja con sigilo a unos treinta metros de la ladera donde un cliente le está atizando una buena paliza a un travesti de peluca larga. Manuela coge una piedra y la guarda en su bolso. No se fía de su puntería.

33. BARCELONA. ZONA DE PUENTES. – EXT. NOCHE.

El Agresor tiene cogido del cuello al travesti, a punto de ahogarle. Pero antes decide comerle la boca, caprichos de sicópata, para lo cual acerca su rostro al de la

5 **el matojo:** Gestrüpp.
6 **estar en apuros:** in Bedrängnis sein (*el apuro:* Bedrängnis, Not).
10 **obedecer:** gehorchen, folgen.
10f. **con sigilo:** heimlich, leise (*el sigilo:* Verschwiegenheit).
11 **la ladera:** Abhang.
12 **atizar una buena paliza a alg.:** jdn. ordentlich verprügeln (*atizar:* schüren; *la paliza:* Prügel).
12f. **la peluca:** Perücke.
14 **la puntería:** Ziel-, Treffsicherheit.
17 **el agresor:** hier: Angreifer.
18 **ahogar:** ertränken, ersticken; hier: erwürgen.
18f. **el capricho de sicópata:** Psychopathenlaune.

víctima, sin dejar de apretarle el cuello; cuando ya está muy cerca de sus labios (el deseo le hace aflojar la presión de los dedos) el travesti aprovecha y le sacude un cabezazo en plena nariz. El Agresor se separa de golpe, con la manaza se tapa la nariz sangrante. Mancha de sangre el vestido de la víctima. La víctima aprovecha para buscar y encontrar dentro de su bolsito una navaja. El Agresor vuelve a la carga y se la quita de las manos, después de un breve forcejeo. La travesti, gatea por el suelo, tratando de poner tierra por medio.

34. ZONA DE PUENTES. – EXT. NOCHE.

Sin que la vean, Manuela se acerca por detrás y le sacude al Agresor un golpe tremendo en la cabeza, con el bolso petrificado.
El tipo cae al suelo completamente grogui. Mientras gime de dolor, Manuela le quita la navaja. La travesti interrumpe su huida, se vuelve y se arrodilla junto al Agresor agredido. Preocupada por él, trata de ayudar-

2 **aflojar:** lockern, nachlassen.
3 **sacudir:** schütteln; hier: prügeln, verpassen.
4 **el cabezazo:** Kopfstoß.
4 f. **de golpe:** schlagartig, ganz plötzlich.
5 **la manaza:** große Hand, Pranke (*-aza* ist verstärkende Nachsilbe).
9 **el forcejeo:** Gerangel.
gatear: kriechen.
10 **poner tierra por medio** (fam.): das Weite suchen.
14 **petrificado/a:** versteinert; hier: steinbeschwert.
15 **grogui** (ingl.): groggy, benommen, betäubt.
16 **gemir de dolor:** vor Schmerzen stöhnen.
17 **la huida:** Flucht.
arrodillarse: sich hinknien, niederknien.
18 **agredido/a:** überrumpelt, überfallen.

le a ponerse en pie e increpa a su desconocida salvadora:

AGRADO. ¡Tía, qué has hecho!

MANUELA. Le he dado con una piedra.

AGRADO. Me vas a buscar la ruina. Anda, ayúdame a levantarlo.

Entre las dos consiguen que el Agresor se ponga en pie. Pero el tipo sigue completamente sonado.

AGRADO *(al Agresor)*. Venga, levántate, coño … si sólo te han rozado … ¿puedes andar? *(El otro no responde.) (A Manuela.)* Te has pasado un poco, ¿eh?

El Agresor maltrecho comienza a andar, haciendo eses como un borracho. La víctima le orienta, de espaldas a Manuela.

AGRADO *(señala con la mano, a unos doscientos metros, donde el Terraplén)*. Vete a la hoguera donde están las top y pregunta por la Úrsula, dile que te manda la Agrado, ellas te cuidarán.

1 **increpar a alg.:** jdn. rügen, zurechtweisen.
3 **el tío / la tía:** hier (fam.): Typ, Tussi.
5 **me vas a buscar la ruina:** du richtest mich zugrunde, du treibst mich in den Ruin.
8 **sonado/a** (fam.): schwer angeschlagen, k.o.
11 **pasarse:** zu weit gehen.
12 **maltrecho/a:** übel zugerichtet.
ir/andar haciendo eses: torkeln, taumeln.
13 **el borracho / la borracha:** Betrunkene(r).
orientarle a alg.: jdm. den Weg zeigen, jdn. führen.
de espaldas a: mit dem Rücken zu.
17 **las top:** die Topmodels; hier: Toptransvestiten.

35. ZONA DE PUENTES. – EXT. NOCHE.

Hay poca luz, Manuela y la autodenominada Agrado no han tenido oportunidad de verse las caras. Manuela reacciona cuando oye el nombre.

MANUELA. ¡¡Agrado!! … ¿Eres tú?

Agrado se vuelve. Mutuo estupor y sorpresa.

AGRADO *(grita)*. ¡Manolita!

Se abrazan efusivamente, entre gritos de júbilo.

AGRADO. ¡Manolita! ¡Mi Manolita!

Se separa de ella para mirarla mejor. Manuela tiene el pecho manchado de sangre.

AGRADO. ¿Estás herida?
MANUELA. Me has manchado tú.

La besa y la abraza, una vez más.

AGRADO. ¡No es porque me hayas salvado la vida, pero cuánto te he echado de menos! … Dieciocho años sin decir ni mú, ni una mala carta, ni una llamada … ¡Creí que te habías muerto! ¡Vamos a casa y me lo cuentas todo!

2 **autodenominado/a:** selbst ernannt.
Agrado: von *el agrado* (Anmut, Wohlgefallen) abgeleiteter Vorname (vgl. S. 153).
6 **el mutuo estupor:** gegenseitiges Erstaunen.
8 **el júbilo:** Freude.
11 **manchado/a de sangre:** blutig, blutbefleckt.
16 **echar de menos a alg.:** jdn. vermissen.
17 **sin decir mú** (fam.): etwa: ohne auch nur einmal von dir hören zu lassen.
ni una mala carta (fam.): etwa: nicht einmal ein lausiges Brieflein.

MANUELA. Primero vamos a una farmacia. ¡Estás hecha un Cristo!

Le examina la cara: golpes, contusiones, rasguños, algún pinchazo, nada de consideración, pero requiere una cura urgente. Abarca con la mirada los alrededores.

MANUELA. ¿Dónde cogéis un taxi, aquí?
AGRADO *(señala con la mano)*. Por allí.

Se cogen de la mano y comienzan a caminar.

AGRADO. A ver si tenemos suerte y no nos atacan por el camino. ¿Llevas la navaja?
MANUELA. Sí, y una piedra enorme en el bolso.

36. BARCELONA. FARMACIA. – EXT. NOCHE.

Tras la doble reja de una farmacia.
Manuela pide a un dependiente medio dormido una larga lista de medicinas.
Después de reparar en el aspecto de Agrado, llena de polvo, arañazos, maquillaje corrido, peluca larga y

1 f. **estar hecho/a un Cristo** (fam.): fürchterlich zugerichtet sein, erbärmlich aussehen.
3 **la contusión:** Quetschung.
el rasguño: Schramme, Abschürfung.
4 **el pinchazo:** Stichwunde.
nada de consideración: nichts (wirklich) Schlimmes, Bedenkliches.
requerir: benötigen, brauchen.
5 **abarcar con la mirada:** überblicken.
13 **la doble reja:** Doppelgitter.
16 **reparar en algo:** etwas wahrnehmen, etwas bemerken.
17 **el arañazo:** Kratzer.
el maquillaje: Schminke.

desordenada hasta el culo, microfalda de plástico y a pesar de todo una sonrisa de oreja a oreja, al Dependiente le va a resultar difícil conciliar el sueño.

MANUELA. Povidona yodada, trombocid ... gasas estériles, algún antiséptico ... *(Examina con la mirada a la Agrado, tratando de calcular los desperfectos, le descubre en el brazo una herida de navaja.)* Déme también puntos de aproximación. *(A Agrado.)* ¿Tienes alcohol en casa?

AGRADO. No. Anoche me sentía fatal y me lo bebí.

MANUELA *(sonríe)*. Alcohol para desinfectar.

El Dependiente observa a la pareja.

AGRADO. No. Sólo tengo vaselina, condones y mucho esparatrapo.

MANUELA *(al Dependiente)*. Y alcohol, por favor.

37. BARCELONA. CASA AGRADO. – INT. NOCHE.

Manuela le cura las heridas del rostro a Agrado. Nada grave.
Están en un cuarto que a la vez es cocina y living. Por las ventanas entran las míticas columnas del Pa-

1 **la microfalda:** superkurzer Minirock.
4 **la povidona yodada:** Antiseptikum, Jod (Markenname).
el trombocid: Creme gegen blaue Flecken und Hämatome (Markenname).
4f. **la gasa estéril:** (steriler) Verbandmull.
5 **el antiséptico:** Desinfektionsmittel.
6 **el desperfecto:** Schaden.
8 **el punto de aproximación:** Sterilstrip (für Schnittwunden).
14 **el esparatrapo:** *el esparadrapo:* Heftpflaster.

lau, de Muntaner▸, alegrando la noche con sus colores pastel.

Manuela ha desplegado el botiquín sobre un hule de frutas que cubre una mesa para todo. En el centro de la mesa hay una foto. Las dos la contemplan con nostalgia.

AGRADO. La Barceloneta▸ ... ¡qué tiempos! ¿Te acuerdas?

La foto fue hecha a principio de los ochenta, cuando la playa de la Barceloneta era un esplendor de chiringuitos y libertad. En la foto aparecen la Agrado, travestida pero menos mujer. También está Manuela, muy moderna y sonriente como si acabara de tomarse una mescalina. Manuela abraza efusiva a un tipo muy guapo, también travestido y con tetas, aunque sus amplias espaldas siempre delatarán su sexo original. En cualquier caso el personaje posee un gran atractivo todoterreno. El chiringuito en cuestión lleva su nombre, «Lola, la Pionera».

La casa de Agrado rebosa detalles personales, casi todos muy kitch.

3 **desplegar:** ausbreiten.
el botiquín: Hausapotheke, Verbandkasten.
el hule: Wachsdecke (Tischtuch).
10 **el esplendor:** Glanz.
10 f. **el chiringuito:** Strandbar.
14 **la mescalina:** Mescalin, Droge aus Peyote.
efusivo/a: herzlich, innig.
16 **delatar:** verraten.
17 f. **todoterreno:** geländegängig; hier: auf allen Gebieten.
19 **el pionero / la pionera:** Pionier(in), Vorreiter(in).
20 **rebosar:** übervoll sein.

38. CASA AGRADO. – INT. NOCHE.

MANUELA. ¿Sabes algo de ella?
AGRADO *(furiosa).* ¡¿De Lola?! … ¡Sí! ¡Por desgracia!

Evidentemente hablan del tercer personaje de la foto. Durante toda la conversación, Agrado se echa para atrás, tratando de evitar el escozor del alcohol. Cuando se indigna le sale acento canario.

MANUELA. ¿Qué ha pasado?
AGRADO *(indignada, relata).* La recogí, porque estaba mala. ¡Como siempre, con tó lo que se mete! Una mañana, cuando vuelvo del «Campo», jarta de trabajá ¡descubro que me había desvalijado toa la casa! *(Dolorida.)* Relojes, joyas, revistas antiguas de los 70, donde yo me inspiro … 300000 pesetas. Lo que más me duele es que se llevara una talla de la Virgen del Pino▸, que me regaló mi madre … que pa qué la querrá, si ella no cree en nada. ¡Como no sea que esté metida en una secta satánica y la quiera para una ceremonia de ésas! ¡Qué no me extrañaría!

4 **evidentemente** (adv.): offensichtlich.
5 f. **echarse para atrás:** zurückweichen.
6 **el escozor:** Brennen.
7 **indignarse:** sich entrüsten.
9 **recoger:** sammeln; hier: aufnehmen.
10 **tó** (fam.): *todo.*
con tó lo que se mete: mit allem was sie (an Drogen) zu sich nimmt.
11 f. **jarto/a de trabajá** (fam.): *harto/a de trabajar:* fix und fertig.
12 **desvalijar:** ausräumen, plündern.
toa (fam.): *toda.*
17 **pa qué** (fam.): *para qué.*

Manuela interrumpe la cura un momento.

MANUELA. ¡Ya veo que no ha cambiado!

AGRADO. ¡Hacerme esto a mí, con tó lo que me debe! ¡Desde que nos conocimos en París hace 20 años me he portado con ella como una hermana! Nos pusimos las tetas juntas … ¡qué te voy a contar a ti!

MANUELA. ¿No has vuelto a verla?

AGRADO. No, ¡ni quiero! … ¿Qué pasa, la estás buscando?

MANUELA. Tenemos algo pendiente …

Agrado cambia de tono, y no está indignada. Le preocupa la creciente tristeza de su amiga.

AGRADO. Manuela, ¿por qué te fuiste de ese modo?

Manuela no responde.

AGRADO. ¿No vas a contarme nada?

MANUELA *(no puede)*. Otro día …

Agrado comprende que no debe insistir.

AGRADO. Bueno. *(Ruega, sincera.)* ¡Pero no vuelvas a desaparecer así! A mí me gusta despedirme de la gente que quiero, aunque sólo sea pa hincharme de llorar …

Y para demostrarlo se pone a llorar.
Manuela la mira enternecida. Al menos, Agrado no ha cambiado.

10 **tener algo pendiente:** eine Rechnung offen haben, etwas zu klären haben.

12 **creciente:** wachsend.

20 f. **hincharse de llorar** (fig.): sich die Augen ausweinen (*hinchar:* anschwellen).

23 **enternecido/a:** zärtlich.

39. CASA AGRADO. COCINA. – INT. DÍA.

A la mañana siguiente. Una de la tarde,

Manuela prepara la comida (después de haber colgado en un patio interior la ropa manchada de sangre). Lleva puesto un mandil de la Agrado.
Escucha un grito desgarrador procedente del interior. Asustada, vuelve la cabeza hacia la puerta y ve aparecer a la Agrado en bata.
Sobrecogedora visión: la Agrado sin maquillar, con su pelo real, hinchada y con la cara descompuesta. Los cuarenta años del personaje se revelan en toda su maltratada crudeza.

Agrado está tan asustada que no repara en la comida que Manuela ha puesto sobre la mesa, provoleta argentina, dulce de leche y ensalada como sólo ella sabe hacerla.

AGRADO *(grita, desconsolada).* ¡¡Si parezco el hombre elefante‣!!

Agrado parece escapada de una mala película de terror independiente.

5 **el mandil:** (Arbeits-)Schürze.
6 **desgarrador:** herzzerreißend.
procedente de: herkommend aus.
9 **la visión sobrecogedora:** erschreckender, schrecklicher Anblick.
10 **descompuesto/a:** verstört, verzerrt.
11 f. **maltratado/a:** misshandelt.
12 **la crudeza:** Härte, Schroffheit.
14 f. **la provoleta argentina:** argentinische Vorspeise, gegrillter Provolone-Käse, kräftig gewürzt.
15 **el dulce de leche:** Karamelmasse (argentinische Spezialität).

Su aspecto ha empeorado respecto a la noche anterior.

MANUELA. ¡Exagerada! Sólo estás un poco hinchada.

AGRADO. ¿Un poco hinchada? ... Pero, ¿dónde voy yo con este careto? ¡No encajo en ningún tipo de perversión! Bueno, necrofilia o bestialismo, tal vez ...

Toma asiento, con el ánimo por los suelos. No es fácil reconocer tan pronto y con el estómago vacío la propia monstruosidad.

MANUELA. Anda, come algo.

AGRADO *(llorosa)*. ¡Mujer, por qué te has molestado!

No se sabe si las lágrimas son por su propio aspecto o por las molestias que se ha tomado Manuela en preparar la comida. Todo tiene un aspecto buenísimo. Manuela sirve los platos de las dos. Empiezan a comer, sentadas frente a frente, en la misma mesita de la noche anterior.

AGRADO. Uh ... Desde que te fuiste no he vuelto a comer como dios manda, también, porque, claro, al ser modelo tengo que cuidarme. Es lo malo de esta profesión, ¡que tienes que estar mona por cojones!

1 **el aspecto:** Anblick, Aussehen.
empeorar: (sich) verschlechtern.
4 **el careto** (fam.): Visage, Fratze, Fresse.
encajar: passen, hineinpassen.
5 **la necrofilia:** Nekrophilie (Sex mit Toten).
el bestialismo: Sodomie (Sex mit Tieren).
6 **con el ánimo por los suelos** (fig.): am Boden zerstört (*el ánimo:* Verfassung).
18 **como Dios manda** (loc.): wie es sich gehört.
20 **estar mona por cojones** (vulg.): etwa: wegen jedem Scheißdreck gut aussehen (*mono/a:* hübsch, schön; *los cojones*, vulg.: ‚Eier', Hoden, *por cojones:* verdammt, verteufelt).

¡Y siempre al loro de los últimos avances tecnológicos en cirugía y cosmética!

Hace un gesto de dolor.

AGRADO. ¡Me duele al masticar! No podré ni mamarla.

MANUELA. ¡Hoy no debes ir a trabajar!

AGRADO. ¡Y qué hago! ¡La Lola me ha dejado sin un puto duro! ... Tengo que trabajar ...

MANUELA. Yo también. Si quieres buscamos trabajo juntas ...

Eso le hace ilusión.

AGRADO. Ah, muy bien.

40. CALLE BARCELONA. – EXT. DÍA.

Manuela y Agrado caminan juntas por la calle, agarradas del brazo.
Manuela lleva un vestido (ceñido) de Agrado; le queda bastante bien. Agrado, sin embargo, va embutida en un «tailleur» de falso Chanel▸.

MANUELA. ¡Estás estupenda!

1 **estar al loro:** auf dem Laufenden sein.
el avance: Fortschritt.
4 **masticar:** kauen.
mamársela a alg. (vulg.): jdm. ‚einen blasen'.
6f. **sin un puto duro** (fam.): ohne einen beschissenen Pfennig/Cent (*puto/a*, vulg.: verdammt).
10 **le hace ilusión:** das freut sie.
15 **ceñido/a:** eng.
16 **embutido/a:** hineingepresst; hier (fig.): eingezwängt.
17 **el tailleur** (fr.): Kostüm.

AGRADO. No hay nada como un chanel para sentirse respetable.

MANUELA. Tú vas muy respetable, pero yo parezco una puta, con perdón.

AGRADO. Mejor. Estas monjas sólo ayudan a putas y travestis. O sea que.

MANUELA *(asiente)*. Oye, ¿el chanel es de verdad?

AGRADO. No, mujer. ¡Cómo voy a gastarme medio millón en un chanel auténtico, con el hambre que hay en el mundo! ... yo lo único que tengo de verdad son los sentimientos y los litros de silicona, que me pesan como quintales. ¡Qué mayor estoy, Manolita! ¡Y no tengo edad!

MANUELA. Es por la paliza.

AGRADO. Por la paliza que me he metido los últimos 40 años ...

41. BARCELONA. LA SEDE DE «CARIDAD». – INT. DÍA.

Un piso familiar, con un hall amplio donde hay un mostrador y un tresillo. Un largo pasillo lo comunica con el espacio más amplio de la casa, que se utiliza como taller de trabajos manuales, a la vez que exposi-

6 **o sea que:** hier etwa: umso besser.
8f. **medio millón:** eine halbe Million Peseten (ca. 3120 Euro).
12 **pesar como quintales:** zentnerschwer sein (*el quintal:* Zentner).
17 **la caridad:** Wohltätigkeit, Karitas (hier: eine Organisation).
19 **el hall** (ingl.): Vorraum, Eingangshalle.
20 **el mostrador:** Büffet.
el tresillo: Polstergarnitur.
22 **el taller:** Werkstatt.
22f. **el expositor:** Ausstellungsraum.

tor. Las estanterías de las paredes muestran la «obra artesanal» de las mujeres que se han rehabilitado entre esas paredes.

Abre la puerta que da al descansillo una monjita acatarrada, va tan abrigada que parece rusa. En el hall hay dos dominicanas limpiando el suelo y fregando, respectivamente.

Agrado y Manuela saludan.

MONJA. Hola, ¿buscáis a alguien o puedo ayudaros yo? …

La que habla es Agrado, pero se explica fatal. La monja no se extraña de verla con un ojo ensangrentado por dentro, y una de las mejillas hinchada, junto a la comisura de los labios. Esa misma puerta ha sido testigo de llegadas mucho más terribles.

AGRADO. Sí, venimos a ver a esa que va al «Campo» … *(se refiere a una monja, naturalmente)* esa tan mona … que tiene el pelo largo.

MONJA *(sin dudarlo)*. ¡Ah! La Hermana Rosa. Está en el taller. Pasad.

Cogidas del brazo, Manuela y Agrado, caminan por el pasillo y aparecen en el taller, lleno de putas exdroga-

4 **el descansillo:** Treppenabsatz, Podest.
la monjita (dim.): *la monja:* Klosterschwester, Nonne.
4f. **acatarrado/a:** erkältet.
5 **ir abrigado/a:** warm angezogen sein.
6 **fregar:** scheuern, schrubben.
12f. **el ojo ensangrentado por dentro:** blutunterlaufenes Auge.
14 **la comisura de los labios:** Mundwinkel.
22f. **el exdrogadicto / la exdrogadicta:** ehemalige(r) Drogenabhängige(r).

dictas, alguna vieja travesti cuya cara ya no tiene remedio. Una negra con un niño precioso, dándole a una máquina de coser. Dos amas de casa, que algún percance les ha impedido realizarse como tales. La Hermana Rosa está haciendo algo con un par de travestis de rostro deformado y sin remedio.
Uno de los travestis de cara deforme, le dice: Rosa, tienes visita. Y hace un gesto con la cabeza en dirección a Agrado y Manuela.
Agrado las mira con ojos de hielo, como advirtiéndolas, «¡Cuidado, no os confundáis conmigo. Yo no soy como vosotras. Por muy machacada que me veáis hoy!»

La Hermana Rosa se levanta y se acerca a Agrado y a Manuela.

HERMANA ROSA. Agrado, ¿qué te han hecho en la cara?

AGRADO. Nada. Un palizón. Gajes del oficio. ¿Podemos hablar?

Manuela reconoce en la monja a la chica que vio en el Terraplén. Ahora lo entiende, Rosa le estaba dando condones a dos travestis.
La Hermana Rosa es una mujer joven, guapa, ingenua

1 f. **ya no tiene remedio** (fig.): da ist alle Mühe umsonst, da kommt jede Hilfe zu spät (*el remedio:* Heilmittel).
3 f. **el percance:** Missgeschick.
10 **advertirle a alg.:** jdn. benachrichtigen, warnen.
11 **confundirse con alg.:** sich in jdm. täuschen.
12 **machacado/a:** hier (fig.): erledigt, erschlagen (*machacar:* zerstampfen).
17 **los gajes del oficio** (loc., irón.): die Freuden des Berufs (*el gaje:* Einkommen).
22 **ingenuo/a:** naiv.

y atrevida. Y como algunas de las personas que se dedican a hacer el bien social, un poco desorientada. Su bondad inconsciente le hace comportarse a veces con temeridad. No tiene prejuicios. Y es de una espontaneidad a veces inoportuna.

Todo junto da como resultado una mezcla desconcertante, cómica, sorprendente y entrañable.

HERMANA ROSA. Claro. Vamos al vestíbulo, estaremos más tranquilas.

Se dan la vuelta.

42. PASILLO Y VESTÍBULO «CARIDAD». – INT. DÍA.

De nuevo, en el pasillo.

AGRADO. Mi amiga y yo queremos dejar la calle, pero tenemos que trabajar, ¿verdad, Manolita? En lo que sea, aunque sea limpiando escaleras.

HERMANA ROSA *(respondiendo a Agrado)*. La verdad es que no hay mucho más. Bueno, basureras, o aprender aquí en el taller a hacer artesanía, manteles de petit-point, centros de flores secas …

AGRADO. Pues yo casi prefiero de basurera.

1 **atrevido/a:** verwegen, waghalsig.
4 **la temeridad:** Leichtfertigkeit, Verwegenheit.
el prejuicio: Vorurteil.
4 f. **la espontaneidad:** Spontanität.
5 **inoportuno/a:** ungelegen, unangebracht.
6 f. **desconcertante:** verwirrend.
7 **entrañable:** herzlich, innig.
18 **la artesanía:** Kunsthandwerk, Handarbeit.
18 f. **el mantel de petit-point:** bestickte Tischdecke.
19 **el centro de flores secas:** Trockenblumengesteck.

En el vestíbulo la Hermana Rosa les indica un tresillo colocado en un rincón. El mobiliario es feo, casual, pero útil.

HERMANA ROSA *(a Manuela).* ¿Y tú qué sabes hacer, además de la calle?

MANUELA. He trabajado de cocinera en un restaurante.

AGRADO. ¡Y es medio cirujana, mire qué cara! *(Se señala el careto, lleno de moratones, la Hermana Rosa está a punto de exclamar «qué horror».)* Me lo ha hecho todo ella, ¡ni Pitanguí▸! Es paisana de Lola.

Este último dato despierta el interés, ya bastante despierto, de la Hermana Rosa.

HERMANA ROSA. ¿Ah, sí? *(A Manuela.)* ¿Sabes algo de ella?

MANUELA. Hace más de dieciocho años que no la veo.

AGRADO. A mí me desvalijó la casa.

Manuela le ordena a Agrado con la mirada que no añada más información. Agrado lo capta y permanece muda y monstruosa, dentro de su falso chanel.

HERMANA ROSA *(preocupada).* Estuvo aquí, hará ... *(piensa)* unos cuatro meses. La ayudamos a desintoxicarse. Yo la cuidé durante el mono, pero desapareció de la noche a la mañana. Si la veis decidle que me gustaría despedirme de ella antes de irme a El Salvador▸.

8 **el moratón:** blauer Fleck.
10 **el paisano / la paisana:** Landsmann/-männin.
21 f. **desintoxicarse:** sich einer Entziehungskur unterziehen.
22 **el mono:** hier (fam.): Entzugsphase (»turkey«).
23 **de la noche a la mañana:** von heute auf morgen, über Nacht.

AGRADO *(le suena bien)*. ¿Se va a El Salvador?

HERMANA ROSA. Sí.

AGRADO. Pues no sé si apuntarme ... ¡Siempre pensé que en el Tercer Mundo yo podría dar el pego!

HERMANA ROSA. Anímate *(lo dice en serio)*, y así no voy sola.

Manuela no puede creer que la monja hable en serio.

AGRADO. ¡Aquí la calle está cada día peor, hermana! Y si tuviéramos poca competencia con las putas, las drags nos están barriendo. ¡No puedo con las drags! Han confundido circo con travestismo, qué digo ¡circo, mimo! Una mujer es un pelo, una uña, una buena bemba, pa mamarla o criticar. ¿Dónde se habrá visto una mujer calva? ¡No puedo con ellas! ¡Son unas mamarrachas!

A Manuela y a la Hermana les hace mucha gracia el discurso antidrag de la Agrado.

HERMANA ROSA. En El Salvador no creo que haya mucha drag pero están en plena guerrilla ...

3 **apuntarse:** sich anmelden, sich eintragen.
4 **dar el pego:** etwa: alle reinlegen, allen das Fell über die Ohren ziehen (*el pego:* Betrug).
10 **la drag** (ingl.): Drag Queen, schriller Transvestit.
barrer al alg.: jdn. wegfegen.
12 **el mimo:** Mime; hier (fig.): Theater.
13 **la bemba** (fam.): dicklippiger Mund.
14 **calvo/a:** glatzköpfig.
15 **el mamarracho / la mamarracha** (fam.): lächerliche Person, Witzfigur, ‚Vogelscheuche'.
17 **el discurso:** Rede.
19 **la guerilla:** Guerillakrieg.

AGRADO *(decepcionada)*. ¿Ah, sí?

HERMANA ROSA *(seria)*. Yo voy a sustituir a unas monjas que asesinaron …

Agrado no parece ya tan convencida.

AGRADO. Pues no sé … si lo que mejor me viene ahora es una guerrilla.

MANUELA. Sigues igual de cateta, Agrado.

HERMANA ROSA *(a Manuela)*. O sea, que tú has sido cocinera.

MANUELA. Sí.

AGRADO. ¿Ésta? La mejor.

43. BARCELONA. PORTAL CASA PADRES DE HERMANA ROSA. – EXT. DÍA.

Una hora después.

La Hermana Rosa y Manuela llaman al portero de un elegante edificio de la capital. La fachada está cubierta por un esgrafiado exquisito, roto por grandes y nobles miradores. Manuela viste todavía el traje ceñido que le prestara Agrado. No tuvo tiempo de pasar por su casa. Suena el zumbido del portero automático y entran.

1 **decepcionado/a:** enttäuscht.
3 **asesinar:** umbringen.
17 **el esgrafiado:** Sgraffito, Wandmalerei.
roto/a: hier: unterbrochen (von).
18 **el mirador:** Aussichtspunkt; hier: Erker, verglaster Balkon.
20 **el zumbido:** Summen.
el portero automático: Gegensprechanlage.

44. RELLANO CASA PADRES DE HERMANA ROSA. – INT. DÍA.

El interior es aún más espectacular que la fachada. Las paredes del portal lucen un elaborado diseño que combina esgrafiado y baldosines con relieve. Resulta original incluso para Barcelona.
Manuela y la Hermana Rosa suben por las escaleras. Se abre la puerta de uno de los pisos antes de que ellas llamen. Aparece la Madre de Rosa.

MADRE. ¡Qué sorpresa!

Se alegra de ver a su hija, pero no le gusta que venga acompañada. Disimula su decepción con una sonrisa que no se la cree ni ella.

HERMANA ROSA. ¿Te interrumpimos?
MADRE. No importa. Para una vez que vienes a vernos.

La Madre estaba pintando un cuadro al óleo. Va vestida con su uniforme para pintar, un traje de dos piezas, sobrias y favorecedoras.
Madre e hija se saludan con un beso.

HERMANA ROSA. Mamá, ésta es Manuela.

1 **el rellano:** Treppenabsatz.
4 **lucir:** leuchten; hier: zeigen, zur Schau stellen.
5 **el baldosín:** Kachel, Fliese.
el relieve: Relief.
12 **la decepción:** Enttäuschung.
16 **el cuadro al óleo:** Ölgemälde.
18 **sobrio/a:** nüchtern.
favorecedor, -a: vorteilhaft, sehr passend.

A la Madre se le agría un poco el gesto, aunque realmente lo que está haciendo es sonreír.

MANUELA. ¿Qué tal, señora?

MADRE. Encantada. Entrad, no os quedéis en la puerta.

Manuela se siente incómoda a pesar de la invitación. (Por el modo en que la Madre intenta no mirarla) se arrepiente de no haber pasado antes por su casa para cambiarse de ropa.

45. CASA PADRES DE HERMANA ROSA. – INT. DÍA.

El vestíbulo tiene un alegre zócalo modernista que contrasta con la sobriedad de la Madre. Los muebles son modernos y sobrios y equilibran el desbocado manierismo de la arquitectura interior.
La Madre permanece de pie, en el vestíbulo, en actitud poco o nada invitadora. Es tan educada como falsa.

HERMANA ROSA. Mamá, Manuela es una cocinera estupenda. Y como se os fue Florinda, he pensado que …

MADRE *(la interrumpe)*. Gracias, tesoro. Entre Vicenta y yo nos apañamos, de momento … *(A Manuela.)* Gracias.

1 **se le agría el gesto:** ihre Miene wird sauer.
6f. **arrepentirse de algo:** etwas bereuen.
11 **el zócalo:** Sockel.
modernista: hier: Jugendstil…
13 **desbocado/a:** überkandidelt, zügellos.
13f. **el manierismo:** Manierismus, Überladenheit.
21 **apañarse:** (miteinander) zurechtkommen.

HERMANA ROSA. ¡Pero sólo papá necesita dos personas! ¿A propósito, dónde está?

MADRE. En la calle, con el perro.

HERMANA ROSA. ¿Solos? … ¿y si se pierde?

MADRE. En el barrio todo el mundo le conoce. Además ya te he dicho que va con el perro, el perro sabe volver, no te preocupes.

HERMANA ROSA *(decepcionada)*. Tenía muchas ganas de verles.

Se refiere al padre y al perro.

MADRE *(impaciente)*. Luego salimos a buscarles, si quieres, pero antes tenemos que hablar. ¡Acompáñame al estudio! *(A Manuela, falsamente amable.)* Siento que mi hija le haya hecho venir para nada …

HERMANA ROSA *(insiste, decepcionada)*. ¡Ponla unos días a prueba! No tendrías que preocuparte por papá, Manuela es enfermera …

MADRE *(con sorna)*. ¿Además de cocinera?

HERMANA ROSA. Sí … podría vigilarle la medicación y la alimentación …

La Madre empieza a perder la paciencia. Siempre dentro de los límites de la buena educación.

MADRE. No necesito a nadie para cuidar de tu padre. Me gusta hacerlo yo.

MANUELA. Bueno, me voy. Gracias, de todos modos, señora.

MADRE. Adiós.

HERMANA ROSA. Espérame aquí. No tardo nada.

18 **con sorna:** hämisch, höhnisch (*la sorna:* Spott).

19 **vigilarle la medicación:** die Einnahme der Medikamente überwachen.

Manuela hace un gesto de afirmación indecisa.
La Hermana Rosa desaparece con su madre por un pasillo. Manuela mira una preciosa butaca sin decidirse a sentarse.

46. CASA PADRES DE HERMANA ROSA. SALÓN. – INT. DÍA.

Después de cruzar por un pasillo lleno de cuadros de grandes pintores, Madre e hija entran en un amplio salón con columnas y arcos de sabor árabe, una mezcla de Minnelli▸ y el modernismo catalán más caprichoso. Es evidente que la casa tuvo en otra época unos dueños muy distintos de los actuales.
Una vidriera enorme comunica con un espléndido patio interior. La Madre ocupa el espacio como estudio para pintar. En ese momento está terminando de hacer una copia de Chagall. Imposible distinguir la copia del original. Esto explica la soberbia pinacoteca del pasillo. La Madre es una gran falsificadora.
Colgadas o sobre el suelo pueden verse otras falsificaciones. Barrocos italianos, madonnas, bodegones del siglo pasado, incluso algún Picasso, el autor más fácil

1 **la afirmación:** Zustimmung, Bejahung.
indeciso/a: unentschlossen, unentschieden.
9 **el arco:** Bogen.
de sabor árabe: im arabischen Stil (*el sabor:* Geschmack).
10 **caprichoso/a:** launenhaft; hier: verspielt.
13 **la vidriera:** Glasfenster.
17 **soberbio/a:** gewaltig, prächtig.
18 **el falsificador / la falsificadora:** Fälscher(in).
20 **el bodegón:** Weinschänke; hier: Stillleben.

de copiar pero imposible de vender por problemas de herederos. Una lástima.

La madre no oculta su malestar, a solas es mucho más directa.

MADRE *(protesta)*. ¿Cómo te atreves a traer una puta a casa?

HERMANA ROSA. No es fácil encontraros servicio, mamá. Nadie os aguanta.

Hermana Rosa está molesta por el modo en que la madre ha tratado a Manuela.

MADRE *(masculla)*. ¡Pero una puta!

HERMANA ROSA. Eso no justifica que seas grosera con ella.

La Madre se acerca al caballete y termina de limpiar los pinceles.

MADRE. No me gusta que una extraña me vea falsificando chagales. ¿Tan difícil es eso de entender, Rosa?

HERMANA ROSA. De todos modos, Manuela ya no es puta. Lo ha dejado.

MADRE. ¿Desde cuándo la conoces?

HERMANA ROSA. Desde … esta mañana …

Deja el caballete y los pinceles, y se sienta al lado de Rosa.

2 **el heredero / la heredera:** Erbe, -in.
3 **a solas:** allein, unter sich.
8 **aguantar:** ertragen, sich gefallen lassen.
11 **mascullar:** murmeln.
12 **grosero/a:** grob, unhöflich.
14 **el caballete:** Staffelei.
17 **las chagales:** hier: Bilder von Chagall.

MADRE. ¡Esta mañana! *(Se lleva las manos a la cabeza, pero se recupera de inmediato.)* ¡Eres increíble, Rosa!

HERMANA ROSA. Mamá, mi trabajo es ayudar a la gente, aunque acabe de conocerla.

MADRE. El mío no … pero eso no quiere decir que sea intolerante … *(Pausa reflexiva.)* Rosa voy a proponerte un trato.

HERMANA ROSA. ¿Un trato?

MADRE. Estoy dispuesta a darle una oportunidad a esa mujer *(lo dice como si en vez de una oportunidad fuera a darle un bofetón)* aunque sea una extraña, si tú no te vas a El Salvador.

HERMANA ROSA. Mamá, no me crees más dudas. ¡Ya tengo bastantes!

MADRE. ¡Cómo no vas a tener dudas! Ese viaje es un suicidio, mejor dicho, ¡un parricidio!

HERMANA ROSA *(no lo discute)*. Bueno, te dejo, que Manuela está esperando …

MADRE *(indignada)*. ¡Eso es! ¡Cualquier puta! ¡Cualquier salvadoreño es más importante que tu madre y tu padre! …

HERMANA ROSA *(paciente)*. No empieces, mamá.

MADRE. En vez de ir a El Salvador deberías ir a un siquiatra.

HERMANA ROSA. No nos vendría mal a ninguna de las dos.

Se acerca y le da un beso.

6 **la pausa reflexiva:** Nachdenkpause.
7 **el trato:** Vereinbarung, Handel.
9 **estar dispuesto/a:** bereit sein zu.
11 **el bofetón:** Ohrfeige.
16 **el parricidio:** Vater-/Muttermord, Elternmord.

Las dos mujeres se conceden una triste tregua. Las hostilidades son sustituidas por la incomunicación de siempre.

HERMANA ROSA. Adiós, mamá.

MADRE *(más suave).* ¿No querías ver a tu padre y al perro?

HERMANA ROSA. Otro día.

La Hermana Rosa sale de la habitación, deprimida. La Madre la mira alejarse, desazonada.

(La Madre es un extraño ejemplar, una artista dotada de extraordinaria técnica que ha decidido, en vez de inventar, copiar las obras que le gustan y venderlas como tales copias. Distinguida, a pesar de su relativa mezquindad, antigua progre, tiene entre 50 y 60 años. La auténtica pasión de su vida es su marido, el padre de Rosa. Un abogado retirado, atractivo a sus casi ochenta años.)

47. CASA PADRES HERMANA ROSA. – INT. DÍA.

Rosa entra en el precioso vestíbulo, busca impaciente a Manuela, pero no está.

1 **concederse una tregua:** Waffenstillstand schließen.
2 **la hostilidad:** Feindseligkeit.
9 **desazonado/a:** verdrossen.
10 **dotado/a:** talentiert.
13 **distinguido/a:** angesehen, vornehm.
a pesar de: trotz.
13f. **la mezquindad:** Geiz; hier: Schäbigkeit, Knausrigkeit.
14 **el antiguo progre / la antigua progre:** ehemalige(r) Linke(r); etwa: Alt-68er(in).

48. CASA PADRES HERMANA ROSA. – INT. DÍA.

La Hermana Rosa baja las escaleras. En un descansillo se encuentra con Vicenta, la asistenta de toda la vida, que viene de la calle de hacer la compra. A la mujer le da mucha alegría ver a Rosa. Se estampan sendos besos.

VICENTA. ¡Rosa, cariño, qué delgada estás! ¿Qué no comes?

HERMANA ROSA. Sí, sí, como … ¿has visto a una chica rubia abajo?

VICENTA. No.

HERMANA ROSA. Adeu.

VICENTA. ¡Cuídate y come!

Pero la Hermana Rosa ya está casi en la puerta que da a la calle.

49. PORTAL CASA PADRES HERMANA ROSA. – EXT. DÍA.

Busca muy inquieta a Manuela con la mirada. Por fin la descubre e una terracita improvisada a pocos metros. Manuela está absorta leyendo el periódico. Lo tiene abierto por las páginas de espectáculos. Mira petrificada un anuncio de la Compañía de Huma Rojo.

3 f. **la asistenta:** Haushaltshilfe.
5 f. **estamparse sendos besos:** sich gegenseitig auf die Wange küssen.
12 **adeu** (cat.): *adiós.*
19 **la terracita improvisada:** hier: improvisiertes Straßencafé.
20 **estar absorto/a:** vertieft, versunken sein.
21 f. **petrificado/a:** hier: gebannt.

Desde hace dos semanas Huma triunfa en el Teatro Tívoli▸ de Barcelona con su versión del «Tranvía». La Hermana Rosa se reúne con ella, desolada. Manuela no la ve acercarse, ni la oye.

HERMANA ROSA. Lo siento mucho, Manuela.

El pensamiento de Manuela está muy lejos de esa terraza.

MANUELA. No pasa nada.

Quiere decir que nada puede herirla ya. El ruido del tráfico es ensordecedor.

HERMANA ROSA. ¿Nos movemos?

50. CALLE BARCELONA. – EXT. DÍA.

La monja y Manuela caminan sin rumbo por una zona popular. Edificios de cemento a los que la suciedad les sienta divinamente. Palmeras altas, gente asomada a la ventana en camiseta. La zona posee la alegría perezosa de La Habana▸. Mientras en un banco cinco amas de casa, mayores y gordas, esperan que el día se desvanezca delante de sus narices, varios niños y niñas de color (dominicanos y

3 **desolado/a:** verzweifelt, trostlos.
10 **ensordecedor, a:** ohrenbetäubend.
13 **sin rumbo:** ziellos (*el rumbo:* Fahrtrichtung, Kurs).
14f. **la suciedad les sienta divinamente:** etwa: zu denen der Dreck göttlich passt, denen der Dreck göttlich steht.
15f. **asomarse a la ventana:** am Fenster stehen.
16 **la camiseta:** Unterhemd.
19 **desvanecerse:** verschwinden, sich auflösen.

africanos) juegan a la comba. La estampa es de una vitalidad explosiva.

HERMANA ROSA *(explica).* No puedo con mi madre. Me pone mala. *(En efecto, está pálida.)* ¿Tú no tienes padres?

MANUELA. Murieron.

HERMANA ROSA *(pensativa).* O sea que estás sola. *(Se diría que casi le hace ilusión.)*

MANUELA *(indiferente).* Sí ... supongo que sí. Oye, tienes mala cara ...

HERMANA ROSA. No me encuentro bien, ¡tengo ganas de vomitar!

Se sientan en uno de los bancos, junto a dos o tres negritas que miran a la Hermana Rosa con suma curiosidad.

Nada más sentarse, la Hermana Rosa se dobla de una arcada. Y vomita.

Manuela la tiene cogida por la espalda, cada vez que Rosa se inclina. Le da un clínex para que se limpie la boca.

MANUELA. ¿Tienes problemas de estómago?

HERMANA ROSA. Últimamente sí ...

MANUELA. ¿Has ido al médico?

HERMANA ROSA. No.

1 **jugar a la comba:** seilspringen.
la estampa: Bild, Druck, Aussehen.
4 **en efecto:** tatsächlich.
11 f. **tener ganas de vomitar:** sich übergeben müssen.
16 f. **doblarse de una arcada:** sich (bogenförmig) krümmen.
19 **el clínex:** Papiertaschentuch (Markenname, Kleenex).
21 **el estómago:** Magen.

MANUELA. Tendrías que ir. Puede ser una simple gastritis.

HERMANA ROSA. ¿Te importa que vaya a tu casa, hasta que se me pase?

Manuela duda, desconcertada.

HERMANA ROSA *(agotada)*. A propósito ¿tienes casa?

MANUELA. Sí. Acabo de alquilar una, pero está casi sin amueblar.

51. BARCELONA. CASA MANUELA. – INT. DÍA.

Vacía y limpia. La casa alquilada por Manuela es un lugar antiguo y espacioso, con los muebles imprescindibles para que viva una persona. Manuela sólo ha tenido tiempo de hacer limpieza. Las paredes conservan un empapelado de los años 70 que ahora pasaría por moderno.

El suelo es una exhibición de distintos modelos de baldosas hidráulicas, de colores pálidos. Resulta anacrónico, pero la atmósfera es cálida.

Los escasos muebles (un sofá, un sillón y una mesita, poco más) indican buen gusto, aunque sean de segunda mano.

1 f. **la gastritis:** Magenschleimhautentzündung.
5 **desconcertado/a:** verwirrt.
6 **agotado/a:** erschöpft.
7 f. **sin amueblar:** unmöbliert.
11 f. **imprescindible:** unentbehrlich, absolut notwendig.
14 **el empapelado:** Tapete.
16 f. **la baldosa hidráulica:** Bodenfliese mit traditionellem Muster.
17 f. **anacrónico/a:** nicht mehr zeitgemäß, veraltet.
19 **escaso/a:** spärlich, knapp.

Manuela quiere quitarse cuanto antes el vestido de Agrado.
La Hermana Rosa se sienta en el sofá. Manuela va a su habitación.

MANUELA. Échate en mi cama, si quieres.
HERMANA ROSA. No, el sofá está bien. Me quedo sólo un rato, hasta que se me pase.

Le cae bien la casa, a pesar de su precariedad.
En el salón aún quedan cajas sin colocar. Encima de una mesita auxiliar (junto al sofá) están apiladas de modo transitorio varias cosas de Esteban, su libro de Capote, el cuaderno y una foto enmarcada.
La Hermana Rosa coge y pregunta por la foto.

HERMANA ROSA. ¿Quién es este chico tan guapo?
MANUELA *(desde la habitación)*. Esteban, mi hijo.

La monja mira al chico de la foto con simpatía.

HERMANA ROSA. ¿Esteban? … Creí que estabas sola.
MANUELA. Murió en un accidente …
HERMANA ROSA *(sincera)*. ¡Oh! Lo siento.

Manuela continúa dentro de la habitación, no puede verla, pero adivina perfectamente lo que en ese momento atrae la atención de la Hermana Rosa.
La monja descubre el sucio cuaderno de notas de Esteban. Va a cogerlo, sin intención de leerlo, pero la interrumpe la voz de Manuela, procedente de la habitación.

1 **cuanto antes:** so schnell wie möglich.
8 **la precariedad:** hier: Notdürftigkeit.
9 **las cajas sin colocar:** hier: noch nicht ausgeräumte Kisten.
10 **apilado/a:** aufgetürmt, gestapelt.
11 **transitorio/a:** vorübergehend, vorläufig.

MANUELA. No cojas el cuaderno, por favor.

La Hermana Rosa da un respingo y se vuelve hacia la puerta de la habitación, detrás de ella, impresionada por las dotes adivinatorias de su anfitriona. Se queda mirando la cubierta del cuaderno, absorta, sin tocarlo.

Primerísimo plano del cuaderno, sucio, eternamente mojado, se encadena con la siguiente imagen. La de la fachada del teatro Tívoli.

52. BARCELONA. FACHADA DEL TEATRO TÍVOLI. – EXT. NOCHE.

La fachada del Tívoli, perfectamente simétrica, tiene una bisera pespunteada de bombillas encendidas, típicas del teatro de variedades.
Manuela compra su entrada en la taquilla. A ambos lados de la fachada, hay sendas fotos del rostro de Huma Roja, como la que cubría la fachada del teatro de Madrid, pero de tamaño más pequeño.

El plano que encadena con el primer plano del cuaderno, de la secuencia anterior, se hace con grúa, movida de arriba abajo. En el mismo plano vemos las luces de

2 **dar un respingo:** hochschrecken, auffahren.
4 **la dote adivinatoria:** hellseherische Gabe.
al anfitriona: Gastgeberin.
5 **la cubierta:** hier: Einband.
7 **encadenarse:** sich verketten, sich verknüpfen.
12 **la bisera pespunteada:** gesteppte Sonnenblende.
13 **el teatro de variedades:** Variété.
15 **sendos/as:** gegenseitig; hier: jeweils.
19 **la grúa:** Kran; hier (cin.): Filmkran.

las bombillas, el rostro, los ojos y la boca de Huma Rojo, testigo inconsciente de todo, y más abajo, a Manuela, con los párpados ya un poco rojos, el pelo sobriamente recogido, comprando una entrada en la taquilla. Todo de un tirón y teniendo como soporte el cuaderno sucio de Esteban de la secuencia anterior. Manuela, de perfil, recoge la entrada para ver (si es que puede) la función. En cualquier caso va a ser testigo de su representación. Piensa en el teatro Bellas Artes▸ *de Madrid, escenario de la última cita con su hijo, no puede evitarlo. Imagina a Esteban corriendo hacia ella, cruzando la calle, sin mirar los coches.*

Desde la taquilla (los ojos opacos, enfocando claramente el Más Allá), Manuela mira a la acera de enfrente. Busca a su hijo. Y lo encuentra, mirándola fijamente mientras termina de escribir algo en su cuaderno de notas. El recuerdo es tan vívido que se parece a una alucinación. (Cuando Esteban vio a su madre pasearse y confundirse con el rostro de Huma tuvo una idea, la última de su vida: Que como Eva Harrington▸*, su madre se colaría después en el camerino de Huma y se convertiría en una presencia imprescindible para la actriz.)*

Por corte.

2 **inconsciente:** unbewusst, unabsichtlich.
3 f. **sobriamente** (adv.) **recogido/a:** schlicht zusammengebunden.
5 **de un tirón:** mit einem Mal, in einem Schwung.
tener como soporte (m.): als Aufhänger nehmen.
7 **de perfil:** im Profil.
13 **opaco/a:** matt.
14 **el Más Allá:** das Jenseits.
17 **vívido/a:** lebendig.
17 f. **la alucinación:** Wahnvorstellung, Halluzination.
21 **colarse:** sich einschleichen, sich hineinschmuggeln.

53. TEATRO TÍVOLI. EN EL ESCENARIO Y ENTRE EL PÚBLICO. – INT. NOCHE.

Manuela está sentada entre el público de la sala. A su lado una butaca vacía recuerda inevitablemente a Esteban. Primerísimo plano de Manuela de espaldas, al fondo se ve el escenario. La cabeza de Manuela ocupa la mitad del plano ocultando por consiguiente la acción que se desarrolla dentro de esa mitad del escenario, la mitad izquierda. Sólo oímos la voz de Kowalski («Vamos, nena. Ya pasó lo peor») y la de Stella («No me toques, no vuelvas a tocarme, hijo de puta»). Stella se mueve hacia la derecha del escenario, parece que saliera de la cabeza de Manuela, Kowalski también, como si Manuela los imaginara y proyectara sobre el escenario.

KOWALSKI. ¡Cuidado con lo que dices! … Stella, ven aquí.

Stella lleva a su hijo pequeño en los brazos. Vuelve la cabeza, con una mirada triste se despide de la casa. Estrecha al niño contra su pecho en busca de apoyo. Murmura, decidida:
– No volveré a esta casa nunca más. ¡Nunca!
Para rubricarlo le da un beso al niño, y desaparece.

KOWALSKI. ¡Stella! ¡Stella!

En el patio de butacas el público aplaude.
Manuela aplaude y llora.

Por corte.

5 **de espaldas:** hier: von hinten.
7 **por consiguiente:** also, daher.
19 **en busca de apoyo:** Hilfe suchend.
22 **rubricar:** besiegeln.

54. TEATRO TÍVOLI. LAVABO. – INT. NOCHE.

Primer plano del bolso de Manuela abierto, sin ver la encimera sobre la que está apoyado. Sólo vemos un boquete en el que la mano de Manuela entra para coger un paquete de clínex. Enterrado en el fondo del bolso, Esteban le sonríe desde una foto.
Manuela se seca los ojos, frente al espejo del lavabo de mujeres.

55. TEATRO TÍVOLI. PASILLO 1. – INT. NOCHE.

Cuando Manuela sale del lavabo, el teatro está vacío. En la pared, un letrero y una flecha indican la dirección de los camerinos. De allí viene Nina Cruz, la joven actriz que interpreta a Stella, más delgada que en Madrid y con más cara de rebote. Pasa junto a Manuela sin verla, todavía lleva el pelo mojado.
Manuela se la queda mirando con descaro. Recuerda la expresión de la chica ordenándole al taxista que arrancara, mientras Esteban aporreaba el cristal mojado del coche. El rostro se le endurece al recordarlo.

3 **la encimera:** Arbeitstisch; hier: Waschtisch.
4 **el boquete:** Öffnung.
5 **enterrar:** be-, vergraben.
11 **la flecha:** Pfeil.
14 **con más cara de rebote:** verärgerter, aufgeregter (*el rebote:* Abprall; fam.: Rage).
16 **con descaro:** unverblümt, unverhohlen (*el descaro:* Dreistigkeit, Frechheit).
18 **aporrear:** einschlagen, trommeln (auf).
19 **endurecerse:** sich verhärten, versteinern.

Vuelve su mirada hacia la flecha que indica la dirección de los camerinos. Sin pensarlo, se dirige a ellos.

Manuela no obedece a ningún plan. Sólo piensa en su hijo. Es Esteban el que lleva la batuta desde el Más Allá. O donde quiera que esté. Y ella se deja arrastrar.

56. TEATRO TÍVOLI. PASILLO 2. – INT. NOCHE.

Manuela camina por un pasillo recto. Una línea blanca, pintada a un metro del suelo divide la pared en dos. Da la impresión de que la línea blanca tirase de Manuela como un imán, atrayéndola hasta la puerta entornada del camerino de Huma Rojo.
Manuela asoma la cabeza, y empuja ligeramente la puerta. Antes de poder husmear dentro, escucha la voz de Huma ordenándole que entre.

OFF-HUMA. ¡Entra!

57. TEATRO TÍVOLI. CAMERINO DE HUMA. – INT. NOCHE.

Manuela abre y entra despacito. Con la mirada barre el interior del camerino, lleno de fotos interesantes de

5 **llevar la batuta** (fig.): führen, den Ton angeben (*la batuta:* Taktstock).
6 **dejarse arrastrar:** sich mitreißen lassen.
11 **el imán:** Magnet.
11 f. **entornado/a:** angelehnt, halb geöffnet.
14 **husmear:** herumschnüffeln.
19 **barrer:** hier (fig.): überfliegen.

diversos montajes de la actriz. Huma demuestra poseer mil caras distintas, pero su voz es única. Y esa voz le llega a Manuela desde un pequeño cuarto de baño que hay dentro del camerino.

HUMA. Pasa, Nina.
MANUELA. No soy Nina. Soy Manuela.

Huma sale del cuarto de baño, en bata, y a medio desmaquillar.

HUMA. ¿Manuela? … ¡Usted no puede estar aquí!
MANUELA *(tranquila)*. Nina se ha ido.
HUMA *(volada)*. ¡¿Qué?!

1 **el montaje** (tea.): Inszenierung.
7 f. **a medio desmaquillar:** halb abgeschminkt.
11 **volado/a:** aufbrausend, hochfahrend.

Antes de que Manuela pueda decir una palabra, Huma sale de su camerino y vuela hacia el de su compañera, dudando y a la vez temiendo que Manuela tenga razón.

58. TEATRO TÍVOLI. PASILLO 2. – INT. NOCHE.

El camerino de Nina está vacío. Huma encuentra alguna admiradora errante, que intenta felicitarla, pero ella pasa total.

HUMA. ¡Déjeme en paz!

Y vuelve a su propio camerino.

59. TEATRO TÍVOLI. CAMERINO HUMA.
– INT. NOCHE.

Manuela continúa dentro de la habitación, junto a la puerta. Huma vuelve, angustiada. Manuela permanece impávida. Detecta la angustia y el despiste que dominan a la actriz. Intuye que su participación, aunque no ha sido solicitada, todavía no ha terminado. Y se queda de pie, en calidad de espectadora excepcional.

HUMA. ¿Dónde está Nina?

7 **errante:** umherirrend, verirrt.
8 **pasar total(mente) de alg.:** jdn. komplett ignorieren, absolut kein Interesse an jdm. haben.
15 **impávido/a:** regungslos.
el despiste: Verwirrung, Kopflosigkeit.

Se lo pregunta con la misma violencia con que se lo preguntaría a la propia Nina.

MANUELA. No lo sé ... sólo la vi salir, corriendo, todavía llevaba el pelo mojado.

HUMA *(se viene abajo)*. ¡Pero si me dijo que me esperaba en su camerino! *(Gime.)* ¡No puede ser ...! ¡Llevamos sólo dos semanas! ... ¡No puede hacerme esto!

La actriz estalla en sollozos. Algún miembro de la compañía cruza por el pasillo, Manuela decide cerrar la puerta para que no la vean llorar. Ella se queda dentro.
Ninguna de las dos mujeres dice nada.
Huma da un trago de una petaquita. Busca una salida a la situación.

HUMA *(a Manuela)*. ¿Tienes coche?

Manuela entiende muy bien la espontaneidad de una mujer desesperada.

MANUELA. No. ¿Dónde quiere ir?
HUMA. No lo sé. ¿Sabes conducir?
MANUELA. Sí ...

60. BARCELONA. PARKING. – INT. NOCHE.

Entre filas de coches aparcados, Huma y Manuela buscan el coche de la actriz. Huma lleva un traje largo y

9 **estallar en sollozos:** in Schluchzen ausbrechen.
14 **la petaquita:** Flachmann.

una capa de Sybilla▸, de esas que permiten sacar las manos a la altura de la cintura. La capa es un homenaje a Gena Rowland, en «Opening Night»▸.

HUMA. No lo comentes, pero Nina tiene problemas con el caballo. No conozco Barcelona … ¿tú sabes dónde ha podido ir a pillar a estas horas?

MANUELA. No, pero es fácil enterarse.

Huma cita una frase del «Tranvía», haciendo suya la infinita fragilidad (y agradecimiento) de Blanche.

HUMA. Gracias, Quienquiera que seas, siempre he confiado en la bondad de los desconocidos.

Manuela sonríe agradecida, le gusta que Huma haya interpretado la frase para ella sola.

61. BARCELONA. COCHE HUMA. – EXT. NOCHE.

Sacan el coche del párking. Conduce Manuela. Deja su bolso de mano al lado.

HUMA *(murmura)*. Yo no sé conducir. Nina es quien conduce …

Huma enciende un cigarrillo, con dos profundas caladas llena de humo el interior.

2 **la cintura:** Taille.
5 **el caballo** (fam.): Heroin.
9 **la fragilidad:** Zerbrechlichkeit.
20 f. **la calada:** Eintauchen; hier (fam.): Zug (an der Zigarette).

HUMA. Empecé a fumar por culpa de Bette Davis‣. Por imitarla. A los dieciocho años ya fumaba como un carretero. Por eso me puse Huma.

MANUELA. Es un nombre muy bonito ...

HUMA. Humo es lo único que ha habido en mi vida.

MANUELA. También ha tenido éxito.

HUMA. El éxito no tiene sabor, ni olor, y cuando te acostumbras es como si no existiera. Dios mío, ¿dónde habrá ido esta chica?

62./62-A. COCHE HUMA. TRAPICHEO CALLEJERO. – EXT. NOCHE.

El coche de Huma recorre la calle que desemboca en el Arco de Triunfo‣. Puntos de vista desde el coche. Huma escudriña los rostros de los transeúntes que pululan alrededor de los traficantes como moscas alrededor del fuego.

En el mismo punto de vista, desde el coche, Manuela se une al grupo de yonkis. Huma no puede oír lo que hablan pero por los gestos de los colgados es evidente que Manuela les está preguntando por otras zonas de trapicheo.

2 f. **fumar como carretero** (fig.): etwa: rauchen wie ein Schlot (*el carretero:* Kutscher).
3 **Huma:** von *el humo* (Rauch) abgeleiteter Vorname.
13 **el punto de vista:** Standpunkt; hier: Blickwinkel.
14 **escudriñar:** untersuchen, absuchen.
el transeúnte: Passant, Fußgänger.
14 f. **pulular:** schwärmen.
15 **el/la traficante:** Drogendealer(in), -händler(in).
19 **el colgado / la colgada** (fam.): Drogenabhängige(r).

62-B. BARCELONA. PLAZA REAL Y RAMBLAS‣. DENTRO Y FUERA DEL COCHE. – EXT. NOCHE.

El cenicero del coche rebosa de colillas. Portales de la Plaza Real esquina con las Ramblas. A través de los arcos aparece el coche de Huma, se detiene en el semáforo. Desde dentro del coche las dos mujeres miran al fondo de la plaza. Creen descubrir a Nina junto a un grupo de tres o cuatro yonkis. Se aseguran. Sí, es ella. Manuela le sugiere a Huma que se quede en el coche, ella se encargará de todo.

63./64. PLAZA REAL. COCHE HUMA Y TRAPICHEO. – EXT. NOCHE.

Manuela sale del coche y camina entre los zombies (algunos de ellos muy activos, otros tirados del todo) hasta llegar donde está Nina, de espaldas. La chica intenta reabastecerse, está con dos tíos y una tía, todos muy colgados, especialmente la tía, que parece que se va a caer y nunca se cae. Se quejan de un dealer chungo.

4 **la colilla** (fam.): Zigarettenkippe.
11 **encargarse de todo:** sich um alles kümmern, alles erledigen.
14 **el zombie:** Zombie; hier (fig.): Drogenabhängige(r), Junkie.
17 **reabastecerse:** sich wieder (mit etwas) versorgen.
18 **colgado/a:** hier (fam.): zugedröhnt.
19 f. **un dealer chungo** (fam.): etwa: ein mieser Typ von einem Dealer (*chungo*, fam.: schlecht, mies).

TIPO. Es un hijo de puta, le está haciendo la pirula a todo el mundo.

NINA. Claro, como yo no soy de aquí.

Manuela se acerca por detrás, la llama, pero Nina no la oye. Le da un golpecito en el hombro. Nina se vuelve como una fiera.

NINA. ¡Que no me toques, tía!

MANUELA *(dura)*. Huma te está esperando.

Hace un gesto hacia el lugar donde se ve el morro del coche, y a Huma dentro.

NINA. ¿Y tú quién coño eres?

MANUELA *(con un gesto)*. ¡Venga! ¡No la hagas esperar más!

Nina la fulmina con la mirada y se va. Manuela se queda donde está, los dos tipos se piran, no se fían de ella pero la yonki está tan pasada que no se mueve. Tiene un porro pegado al labio.

CHICA YONKI *(ofrece, muy ciega)*. Tengo de tó …

Manuela mira cómo Nina se mete en el coche, y sin cruzar palabra con Huma arranca. Es entonces cuando lo echa de menos.

MANUELA. ¡Joder, el bolso!

1 **hacer la pirula a alg.** (fam.): jdn. bescheißen (*la pirula: la perinola:* Kreisel).
14 **fulminar a alg. con la mirada:** jdn. mit Todesverachtung anblicken (*fulminar:* explodieren).
15 **pirarse** (fam.): abhauen.
16 **estar pasado/a:** hier (fig.): weg vom Fenster, ‚high' sein.
17 **el porro** (fam.): Joint.
22 **¡joder!** (vulg.): Scheiße!, verdammt nochmal! (*joder*, vulg.: ficken).

Se lo dejó dentro del coche.

CHICA YONKI. También tengo bolso *(le ofrece el suyo)* éxtasis, farlopa …

65. CASA MANUELA. POR LA MAÑANA. – INT. DÍA.

La foto enmarcada de Esteban (colocada sobre la mesita de noche) vigila el sueño de Manuela.
La despierta el timbre de la puerta. Se levanta. Se echa una bata encima y sale a abrir. Tal vez sea Huma que viene a devolverle el bolso.
Abre la puerta, pero no es Huma sino la Hermana Rosa. Se saludan. Manuela la invita a entrar.

HERMANA ROSA. ¿Estás sola?
MANUELA. Sí. Acabo de levantarme.
HERMANA ROSA. ¿Tan tarde?
MANUELA. Anoche salí y me recogí a las tantas … ¿quieres desayunar conmigo?

66. CASA MANUELA. COCINA. – INT. DÍA.

Entran en la cocina.

HERMANA ROSA. No, gracias. Así que has vuelto a la calle … ahora que quería proponerte un modo de sacar dinero sin moverte de casa.

3 **la farlopa** (fam.): ‚Koks', Kokain.
16 **recogerse:** nach Hause gehen.
a las tantas: sehr spät.

MANUELA. ¡Pues propónmelo! … no soy puta, nunca lo he sido. Me han puteado mucho, pero nunca he sido puta.

Manuela prepara una bandeja con el desayuno, si puede llamarse desayuno a beber un tetra pequeño de Biosolán vitaminado, y unas cuantas galletas simples, de las más comunes.

HERMANA ROSA. ¿Por qué me mentisteis?

MANUELA. Fue idea de la Agrado, el vestido también era de ella. Y ahora dime cómo puedo conseguir dinero sin moverme de aquí. Me muero de curiosidad.

Se desplazan de la cocina al salón dominado por el sofá de dos plazas.

HERMANA ROSA. ¿Cuánto me cobrarías por el alquiler de una habitación?

MANUELA. ¿Alquilarte una habitación?, ¿para qué?

HERMANA ROSA. Voy a dejar a mis compañeras durante unos meses.

Manuela coloca la bandeja sobre la mesa que hay frente al sofá.
Se sientan las dos.

2 **putear a alg.** (fam.): jdn. dreckig behandeln.
5 **el tetra:** Tetrapack (Markenname; Milch-, Safttüte).
5f. **el Biosolán vitaminado:** mit Vitaminen angereichertes Mineralwasser (Markenname).
11f. **morirse de curiosidad:** vor Neugierde sterben.

67. CASA MANUELA. SALÓN. – INT. DÍA.

Manuela abre el tetra de Biosolán y bebe un sorbito.

MANUELA. ¿Y el viaje a El Salvador?

HERMANA ROSA. No me encuentro bien *(es evidente)*. No puedo viajar así.

MANUELA. Sigo sin entender por qué quieres instalarte aquí, si además estás enferma …

HERMANA ROSA. Estoy embarazada …

Silencio. Sólo se escucha el ruido de la galleta (al ser triturada) en la boca de Manuela. Le acaricia la mano en señal de solidaridad.

MANUELA. ¡Embarazada! ¿Y qué piensas hacer?

HERMANA ROSA. Tenerlo, ¿qué quieres que haga? … pensé que aquí, en tu casa, sería menos escandaloso.

Manuela rechaza la idea de plano. No le puede caer mejor aquella insensata, pero se conoce a sí misma y sabe que si se descuida acabará adoptándola y entregándole su vida entera.

MANUELA. ¿El padre, no puede echarte una mano?

HERMANA ROSA *(se lamenta)*. ¡El padre! ¡Dios sabe dónde estará!

2 **el sorbito** (dim.): *el sorbo:* kleiner Schluck.
8 **embarazada:** schwanger.
10 **triturar:** zermahlen, zerkauen.
acariciar: streicheln.
16 **de plano** (loc.): voll und ganz.
16f. **caer bien:** gefallen.
17 **insensato/a:** unvernünftig.
20 **echarle una mano a alg.:** jdm. helfen.

MANUELA. Pero tú sabrás quién es, supongo.
HERMANA ROSA. Pues claro. ¿Por quién me tomas?

Manuela la mira inquisitiva. Se lleva una galleta a la boca. Es toda oídos.

HERMANA ROSA. Fue tu paisana, Lola la Pionera.
MANUELA *(no puede gritar porque tiene la boca llena de galleta)*. ¡¡¿Lola?!! ... ¡Hija de la gran puta!

La monja no entiende una reacción tan desmedida.

HERMANA ROSA *(extrañada)*. ¿Por qué te pones así, Manuela?
MANUELA *(todavía con la mayor parte de la galleta en la boca)*. ¡¿Que por qué me pongo así?! *(Se interrumpe.)* ... ¿De cuánto estás?
HERMANA ROSA. De tres meses, creo ... estoy muy preocupada ...
MANUELA. ¿Preocupada? ... ¡No me extraña!
HERMANA ROSA. ... Hoy he manchado, esta mañana ...
MANUELA. ¿Has ido al médico?
HERMANA ROSA. Voy mañana al ginecólogo del Hospital del Mar‣, quería saber si me podías acompañar.
MANUELA. Sí, claro.
HERMANA ROSA. Gracias ... ¿y lo del alquiler?
MANUELA. Lo siento, no puedes quedarte aquí.

2 **¿por quién me tomas?:** für wen hältst du mich?
3 **inquisitivo/a:** forschend, neugierig.
8 **desmedido/a:** maßlos, übertrieben.
13 **¿de cuánto estás?:** im wievielten (Monat) bist du?
17 **manchar:** hier (fig.): bluten.

68. TEATRO TÍVOLI. – EXTERIOR E INTERIOR.

A. Manuela llega a la fachada del teatro. Entra por la puerta de Artistas.

B. Pasillo: Camina por el pasillo de los camerinos. Llama con los nudillos al camerino de Huma.

69. TEATRO TÍVOLI. CAMERINO HUMA. – INT. TARDE.

Huma se prepara para la representación. La puerta está cerrada, pero no con llave. Manuela abre lo justo para asomar la cabeza.
Huma se alegra de verla.

MANUELA. Buenas tardes. ¿Molesto?
HUMA. ¡Hola! … ¡Entra! … te estaba esperando. No sabía dónde mandarte el bolso … ¡Ahí lo tienes!

En efecto, el bolso está en un lugar bien visible. Manuela se acerca y lo coge. Lo abre, de nuevo la foto de su hijo le sonríe desde el interior.

HUMA. ¿Está todo?
MANUELA. Sí.
HUMA. Gracias por lo de anoche. Me encantaría quedarme hablando contigo, pero voy fatal de tiempo.
MANUELA. ¿Te ayudo?

5 **el nudillo:** (Finger-)Knöchel.
10 **asomar:** hier: hineinstrecken.
21 **ir fatal de tiempo** (fig.): spät dran sein.

HUMA. Sí, por favor. ¡Abróchame estos malditos botones! ¡Los modistos nunca piensan que una mujer antes de vestirse a veces está sola!

Huma lleva un vestido de John Galliano▸, color vino tinto, inspiración años 50, con unas mangas llenas de botoncitos (hasta el codo). Manuela le ayuda a abrochárselos. Las dos mujeres se hallan frente a frente y casi rozándose. Gran sensación de intimidad.

HUMA. ¿Cómo te llamabas?
MANUELA. Manuela.
HUMA. Manuela, ¿te gustaría trabajar conmigo?
MANUELA. ¿Haciendo qué?
HUMA. Haciendo de todo.

Manuela se separa de Huma e interrumpe lo que estaba haciendo.

HUMA *(sonríe)*. De todo, menos acostarnos juntas. Ya tengo bastante con Nina.

Manuela sonríe y termina de abrochar los pocos botones que quedan. Huma se vuelve a la encimera en busca de alguna joya para las manos.

MANUELA. La verdad es que estoy buscando trabajo …
HUMA *(interrumpe)*. Necesito una asistente personal. Alguien en quien confiar.
MANUELA. Tú no me conoces.
HUMA. Con la exhibición de anoche me basta.
MANUELA. Pero Nina me odia.

1 **abrochar:** zuknöpfen.
2 **el modisto / la modista:** Modedesigner(in), -macher(in).
16 **acostarse con alg.:** mit jdm. schlafen.
20 **la joya:** Schmuckstück.

HUMA. Nina odia a todo el mundo, incluidas ella y yo.

MANUELA *(gesto de afirmación)*. Bueno ... ¿cuándo empiezo?

HUMA. Ahora mismo, si puedes.

MANUELA. De acuerdo.

Huma, yéndose.

HUMA. Pregúntale a Nina qué quiere cenar. Para mí sólo una escalibada de Cal Pinxo▸.

Manuela asiente.

MANUELA. ¿Algo más?

HUMA. Unos buñuelitos de bacalao. Ah, y si pudieras conseguir un anxiolítico para Nina. Hoy está un poco nerviosa ...

MANUELA. Tengo Lexatín.

HUMA. ¡Estupendo!

Y se va.

70. BARCELONA. HOSPITAL DEL MAR. BARCELONETA. FACHADA. – EXT. E INT. DÍA.

El edificio acristalado refleja el mar, las palmeras, y el continuo vaivén de olas y gente. Está situado en plena Barceloneta. Desde la calle, a través del cristal, pueden

8 **la escalibada:** katalanisches Gemüsegericht.
11 **el buñuelito de bacalao:** Kabeljauhäppchen.
12 **el anxiolítico:** Beruhigungsmittel.
19 **acristalado/a:** verglast.
20 **el vaivén:** Hin und Her, Kommen und Gehen.
en pleno/a: mitten in/im.

verse a los pacientes caminado por los pasillos superiores, todos dan a la fachada.
Parece más un centro comercial que un hospital. En la planta que da a la calle hay tiendas de souvenirs, pizzería, cafetería, etc.
Lejos de incomodar, las tiendas dan calor al lugar. Y lo alegran.
Manuela y la Hermana Rosa entran en el amplio hall. Ambiente popular, enfermos variados, transeúntes y consumidores.

MANUELA. ¿Vienes en ayunas?
HERMANA ROSA *(está nerviosa)*. Sí …

71. HOSPITAL DEL MAR. SALA DE ESPERA. – INT. DÍA.

Sala de espera. Rodeadas de mujeres de diversas etnias, edades y origen social. La situación les imprime a todas un aire popular. La sala da al mar. Puro Mediterráneo.
Letrero en la pared que indica la especialidad (Obstetricia).

MANUELA. No digas nada del padre.

6 **incomodar:** stören, lästig sein.
11 **en ayunas** (med.): nüchtern (*ayunar:* fasten).
15 f. **la etnia:** Herkunft, Abstammung.
16 f. **les imprime a todas un aire popular:** gibt allen einen volkstümlichen Touch.
19 f. **la obstetricia:** Geburtshilfe.

Durante todo el diálogo Manuela se muestra severa, en ocasiones agria y renegada. Y siempre involucrada en lo que cuenta. Cualquiera diría que está contando «su historia» y no la de una amiga.

HERMANA ROSA. ¿Por qué te cae tan mal Lola?

MANUELA. ¡Lola tiene lo peor de un hombre y lo peor de una mujer! … Te contaré una historia. Yo tenía una amiga en el pueblo, en Argentina, que se casó muy joven. Al año su marido se fue a trabajar a París. Quedaron que él la llamería cuando estuviera situado. Pasaron dos años. El marido ahorró un dinerito y se instaló en Barcelona para montar un bar. Mi amiga se reunió aquí con él. Dos años no es mucho tiempo, pero el marido había cambiado …

HERMANA ROSA. Y ya no la quería …

MANUELA. El cambio era más bien físico. El marido se había puesto unas tetas más grandes que las de ella.

HERMANA ROSA. Ah … ya.

MANUELA. Mi amiga era muy joven, estaba en un país extranjero y no tenía a nadie. Exceptuando las tetas nuevas, su marido no había cambiado tanto. Así que acabó aceptándole. Las mujeres hacemos cualquier cosa con tal de no estar solas.

1 **severo/a:** streng.
2 **agrio/a:** bitter.
renegado/a: schroff, barsch.
estar involucrado/a: mit dem Herzen dabei sein, involviert sein.
11 **situarse:** sich stellen; hier: eine gute Position erreichen.
12 **un dinerito** (dim.): *un dinero*; hier: ein Sümmchen.
12f. **montar un bar:** eine Bar eröffnen.
21 **exceptuando:** ausgenommen, außer.

La Hermana Rosa no parece extrañada ni escandalizada.

HERMANA ROSA. Las mujeres somos más tolerantes, pero eso es bueno.

MANUELA. ¡Somos gilipollas … y un poco bolleras! Escucha el final. Mi amiga, y-su-marido-con-tetas pusieron un chiringuito en la playa *(señala con la mirada abajo, exactamente a la Playa de la Barceloneta)*. Aquí mismo … Él se pasaba el día embutido en un bikini microscópico, tirándose todo lo que pillaba, y a ella ¡le prohibía que llevara minifalda! El día que iba un poco corta, o se ponía bikini para bañarse, le

5 **el gilipollas** (fam.): Dummkopf, ‚Flasche', Dummchen.
la bollera (fam.): Lesbe, lesbische Frau.
10 **tirarse a alg.** (vulg.): es mit jdm. treiben.

montaba un numerazo, ¡el muy cabrón! ¡Cómo se puede ser machista con semejante par de tetas!

Las interrumpe la enfermera que aparece en la puerta del consultorio. Sin mirar a nadie en concreto, dice en voz alta y tono neutro.

ENFERMERA. María Rosa Sans.

La Hermana Rosa y Manuela se levantan y entran en un pequeño despacho.

72. HOSPITAL DEL MAR. DESPACHO DEL GINECÓLOGO. – INT. DÍA.

El ginecólogo las invita a sentarse al otro lado de su mesa.

GINECÓLOGO. ¿Quién es la paciente?
MANUELA. Ella.
HERMANA ROSA *(tímida)*. Yo.

Viendo que a la Hermana Rosa le cuesta trabajo hablar, Manuela decide hacerlo en su lugar. Se la nota familiarizada con aquel ambiente.

MANUELA. Mi hermana está embarazada. Según nuestros cálculos debe estar de tres meses. Esta es la primera revisión que se hace.

1 **montarle un numerazo a alg.:** hier (fam., fig.): ein Riesentheater machen.
el cabrón / la cabrona (vulg.): Arschloch.
2 **semejante:** solche(r, s); derartige(r, s).
17f. **estar familiarizado/a con algo:** mit etwas vertraut sein.
21 **la revisión:** (medizinische) Untersuchung, Kontrolle.

A Rosa no le sorprende que la trate como una hermana. Y Manuela lo dice de un modo que nadie dudaría que fuera cierto. Por otro lado, resulta tan natural.

HERMANA ROSA *(completa la información)*. Ayer y hoy he manchado un poco.

GINECÓLOGO *(a Rosa)*. Échese en la camilla y descúbrase la parte de abajo.

El médico le indica un extremo del despacho separado del resto por un biombo. Rosa se levanta y se dirige a una camilla con una especie de anillas en los pies, para sujetar las piernas abiertas. Lo mira todo con aprensión.

Elipsis.

De nuevo en la mesa. A Manuela y al ginecólogo se les une la Hermana Rosa. Termina de abrocharse el vestido mientras toma asiento.
El médico tiene unos papeles delante.

GINECÓLOGO. En principio, por la ecografía, el feto está bien …
Las dos mujeres le miran con atención.
GINECÓLOGO. ¿Viven juntas? …
HERMANA ROSA. Sí.
MANUELA. No.
GINECÓLOGO. ¿En qué quedamos?

6f. **descubrirse** (form.): sich entkleiden, sich freimachen.
10 **la anilla:** Ring; hier: Halbring.
11 **sujetar:** festhalten.
11f. **la aprensión:** Besorgnis.
18 **la ecografía:** Ultraschall.
el feto: Fötus.

MANUELA. Ella vive con nuestra madre, pero todavía no le ha dicho nada.

GINECÓLOGO. ¿Suele tener la tensión alta?

HERMANA ROSA. Sí, soy hipertensa.

GINECÓLOGO *(resume)*. Tiene una amenaza de aborto ... debe moverse lo menos posible ...

HERMANA ROSA. Pero no puedo dejar de trabajar.

GINECÓLOGO. Su único trabajo es quedarse quietecita y no hacer más tonterías. *(A Manuela.)* Dígale a su madre que le vigile la tensión. Tiene que hacer dieta sin sal y reposar.

MANUELA. Se lo diré.

GINECÓLOGO. ¡Es muy importante!

HERMANA ROSA. Doctor, yo trabajo con gente de alto riesgo. Quisiera que en los análisis me hicieran también la prueba del sida.

El ginecólogo asiente.

GINECÓLOGO. ¿En qué trabaja?

Antes de que diga la verdad, Manuela contesta por ella.

MANUELA. Asistente social.

GINECÓLOGO. Los resultados pueden recogerlos dentro de quince días.

4 **ser hipertenso/a:** zu hohen Blutdruck haben.
5 **la amenaza de aborto:** drohende Fehlgeburt (*la amenaza:* Drohung, Gefahr).
8 **quedarse quietecito/a:** schön ruhig bleiben (*quietecito/a*, dim.: *quieto/a*).
11 **reposar:** ruhig liegen, sich ausruhen.
14 f. **la gente de alto riesgo:** Risikopersonen.
16 **la prueba del sida:** AIDS-Test (*el sida:* Abk. für *el síndrome de inmunodeficiencia adquirida*).
20 **el/la asistente social:** Sozialhelfer(in).

73. HOSPITAL DEL MAR. PASILLO. – INT. DÍA.

Del Mediterráneo sólo las separa una pared de cristal. Manuela y la Hermana Rosa caminan circunspectas por un pasillo a este lado del cristal, desde el interior pueden verse las copas de las palmeras muy cerca. La presencia de las palmeras seguramente hace que los enfermos se sientan menos enfermos.
La Hermana Rosa va pensativa y en silencio. Manuela siente cierto complejo de culpa, pero no quiere dejarse arrastrar por las circunstancias. No está en situación de implicarse en la vida de la joven embarazada. El dolor le ha vuelto egoísta y más cauta.

MANUELA. ¡Rosa, tienes que decírselo a tu madre! … Necesitas que alguien te cuide …

Rosa continúa cabizbaja y en silencio, consciente de que ésa es su mejor arma. No le cuesta ningún esfuerzo, lo cierto es que está asustada.

MANUELA. Conseguí trabajo ayer y voy a estar ocupada todo el día. *(Rosa sigue callada, como una niña enfadada, Manuela se rebela.)* ¡Rosa! ¡Me estás pidiendo que sea tu madre y no tienes ningún derecho! ¡Tú ya tienes una madre, aunque no te guste! A los padres no se les elige. ¡Son los que son! *(De pronto, Manuela abraza a Rosa y le suplica, a punto*

3 **circunspecto/a:** vorsichtig, zurückhaltend.
5 **la copa de la palmera:** Palmenkrone.
9 **el complejo de culpa:** Schuldkomplex.
11 **implicarse en algo:** sich in etwas hineinmischen.
12 **cauto/a:** vorsichtig.
17 **asustado/a:** verängstigt.

de llorar.) ¡Rosa, por Dios! ¡No me hagas chantaje, por favor!

El abrazo dura un momento. Rosa continúa silenciosa. Las dos mujeres se separan y caminan en dirección a la salida. Manuela lleva cogida de la mano a Rosa.

74. TEATRO TÍVOLI. – INT. NOCHE.

Entre cajas, Manuela contempla con emotiva atención una de las escenas de la obra. A veces dice en voz baja el texto de Stella.

Lo que ocurre en el escenario, desde el punto de vista de Manuela, entre cajas:
Huma espera de pie en el espacio que representa el cuarto de baño. Una cortina transparente lo separa de la otra estancia, en la que están las dos mujeres, Stella y Eunice, la vecina.

Desde el patio de butacas su figura se recorta a través de la cortina. Lleva una elegante bata (demasiado elegante para su clase social) y un gorro, hecho con una media, que le reduce el tamaño de la cabeza. El gorro sirve de base a la peluca, que cuelga de una de las sillas, junto a las mujeres y la maleta. El aspecto de Blanche es majestuoso. El rostro aislado, sin pelo, la desnuda completamente.

1 **hacerle chantaje a alg.:** jdn. erpressen (*el chantaje:* Erpressung).
7 **entre cajas** (tea.): hinter der Bühne, in den Kulissen.
14 **la estancia:** hier: Wohnraum.
16 **recortarse:** sich abzeichnen.
22 **aislado/a:** isoliert, separat.

Mayestática y frágil, Huma Rojo llega más lejos que la propia Blanche Dubios. Resulta difícil creer que una mujer con semejante carácter pueda perder la razón. Realmente no la perdió, Kowalski se la arrebató. Un Kowalski que si le quitas la piel de Brando▸ *(Marlon sin querer, o a propósito, idealizó al personaje) se convierte en lo que realmente es, un hijo de perra, machista, maloliente y mentiroso. Un parásito del amor que Stella siente por él.*

En la habitación de Blanche sólo hay dos sillas. En una se apoya la maleta, totalmente abierta, como reventada, los bordes rebosan todo tipo de prendas. El desorden se debe a Stanley, que metió sus manazas en busca de documentos …
Stella dobla alguna de las prendas y las coloca dentro de la maleta. Eunice, la vecina campechana, además de escucharla le ayuda a poner un poco de orden.

STELLA. No sé si he hecho bien llamando a la clínica.
EUNICE *(la justifica)*. ¡Has hecho lo que tenías que hacer!

1 **mayestático/a:** majestätisch.
4 **arrebatarle algo a alg.:** jdm. etwas entreißen, wegnehmen.
6 **sin querer:** unabsichtlich.
a propósito: absichtlich.
7 **el hijo de perra** (fam.): Hundesohn, Hurensohn.
8 **maloliente:** übel riechend, stinkend.
mentiroso/a: verlogen.
11 f. **reventado/a:** aufgeplatzt.
12 **la prenda:** Kleidungsstück.
16 **campechano/a:** leutselig, freundlich.
19 **justificar:** rechtfertigen.

STELLA *(con remordimientos)*. Es que ... si la creo a ella, no podría seguir con Stanley ...

EUNICE *(sin dudarlo)*. Entonces no la creas. ¡Lo que importa es tu vida y la de tu niño!

De entre cajas, Manuela mueve los labios, mimando las frases de Stella. Ese «Tranvía» transporta demasiados recuerdos para ella.

STELLA. ¡¿Pero y si mi hermana ha dicho la verdad?!

EUNICE. ¿Blanche? Blanche no está en condiciones de decir la verdad aunque quisiera, la pobre.

Blanche abre la cortina del cuarto de baño, buscando algo desesperadamente con la mirada.

BLANCHE. ¿Dónde está mi corazón?

75. TEATRO TÍVOLI. CAMERINO HUMA. – INT. NOCHE.

Manuela escucha la continuación de la escena por los altavoces, mientras le prepara el té a Huma.

En el escenario Stella le explica a Eunice:

STELLA. Se refiere a su joyero, tiene forma de corazón.

Stella le ayuda a buscar entre los trajes esparcidos por el suelo. Uno de ellos tapaba el joyero.

STELLA. Aquí está.

1 **el remordimiento**: Gewissensbiss.
5 **mimar:** imitieren, nachsprechen.
17 **el altavoz:** Lautsprecher.
20 **esparcido/a:** verteilt, verstreut.

BLANCHE *(angustiada, como una niña)*. ¡Necesito un broche!

El joyero en forma de corazón es de color rojo y bastante grande. Las dos hermanas se arrodillan y escarban en su interior. Stella sufre más que su hermana, aunque intente disimularlo.

STELLA. Blanche, ¿cómo se llama el caballero con el que has quedado?

BLANCHE. Huntleigh‣ … ¿no ha llamado mientras estaba en el baño?

STELLA. No.

BLANCHE. ¡Qué raro! ¿Por qué me miras así? … ¿Estoy horrible?

STELLA. Estás más guapa que nunca, Blanche.

Blanche se decide por un collar.

BLANCHE *(optimista, de repente)*. Con este collar estaré mejor.

Se oye un golpe en la puerta del decorado.

EUNICE. Ahí lo tienes, debe ser el caballero con el que has quedado. Qué suerte, chica. Irte de vacaciones, ¡cómo te envidio!

Blanche se levanta, sonriente y decidida.
En la puerta esperan el doctor y la enfermera. Le espera la Realidad, algo de lo que ella intenta huir con tanto estilo.

2 **el broche:** Brosche.
4f. **escarbar:** wühlen, stochern.
15 **el collar:** Halsband, Halskette.

76. TEATRO TÍVOLI. CAMERINO HUMA. – INT. TARDE.

Dos semanas más tarde.

Primerísimo plano de la llama de un mechero encendiendo la punta de un cigarrillo.
Cuando desaparece el cigarrillo, el foco define la imagen del fondo: Una foto de Huma y Nina, pegada al espejo del camerino. Y una postal de Bette Davis, envuelta en una nube de nicotina.
Huma fuma nerviosa, frente al espejo. Está sentada, lista para salir a escena, maquillada, vestida, etc.
Se oye en off la voz del Regidor, dando el segundo aviso.

REGIDOR. Segunda. Faltan quince minutos …

Toca la puerta con los nudillos.

HUMA. ¡Entra!

Se levanta y va hacia la puerta.

REGIDOR. ¿Todavía no han llegado?
HUMA. No. *(Histérica.)* ¡Y no sé dónde estarán! … Yo me he pasado todo el día en televisión … ¡No las he visto!

El ruido de unos pasos precipitados anticipan la aparición de Manuela. Llega sofocada.

4 **la llama:** Flamme.
el mechero: Feuerzeug.
12 f. **dar el segundo aviso** (tea.): zum zweiten Mal läuten, aufrufen.
22 **precipitado/a:** eilig.
23 **sofocado/a:** außer Atem.

77. TEATRO TÍVOLI. CAMERINO HUMA. – INT. TARDE.

El Regidor y Huma la asedian a preguntas.

REGIDOR. ¿Y Nina?

HUMA *(alarmada)*. ¿No estaba contigo?

MANUELA. Sí … Acabo de dejarla en casa, acostada.

Con una penetrante mirada le ordena a Huma que siga el juego y no la interrumpa con preguntas reveladoras. Se dirige especialmente al Regidor.

HUMA. ¿Acostada?

REGIDOR. ¿Qué le pasa?

MANUELA. Le sentó mal la cena … Esta mañana estaba fatal …

HUMA. ¿Por qué no me dijiste nada, cuando llamé desde televisión? …

MANUELA. No queríamos que estuvieras nerviosa durante la grabación.

REGIDOR. ¿La ha visto un médico?

MANUELA. Claro. Tiene gastroenteritis … le he dado limonada alcalina, como me dijo el médico. Mañana estará mejor …

Manuela habla con tal convicción que nadie podría sospechar que se lo esté inventando. Incluso Huma la cree.

REGIDOR *(a Huma)*. ¿Entonces suspendemos? …

3 **asediarle a alg. a/con preguntas:** jdn. mit Fragen überhäufen.
8 **revelador, -a:** aufschlussreich; hier: verräterisch.
12 **le sienta mal algo:** etwas bekommt ihm/ihr schlecht.
17 **la grabación:** (Film-, Fernseh-)Aufnahme.
19 **la gastroenteritis:** Magen-Darm-Entzündung.
20 **la limonada alcalina:** Seltzerwasser.

MANUELA. Me gustaría hablar con Huma.
HUMA. Sí *(Al Regidor.)*. Espera fuera.

El Regidor las mira un momento, levanta la mano con los dedos extendidos.

REGIDOR. Cinco minutos.

Huma pierde la paciencia y le grita.

HUMA. ¡Sí! ¡Cinco minutos!

El Regidor se esfuma.

78. TEATRO TÍVOLI. CAMERINO HUMA. – INT. TARDE.

A Huma le falta tiempo para preguntar.

HUMA. ¡¡Dime la verdad!!
MANUELA. Está puesta hasta las trancas, ¡no puede ni hablar! Salió nada más irte tú a la televisión … no sabía que yo iría esta mañana a vuestra casa, pensó que me quedaría contigo …
HUMA *(desesperada)*. ¿Qué hacemos ahora?
MANUELA. Si no temes que te dé un infarto, yo podría sustituirla.
HUMA. ¡¿Qué?!

4 **extendido/a:** ausgestreckt.
8 **esfumarse:** verschwinden.
13 **estar puesto/a hasta las trancas** (fam.): voll zugedröhnt sein (*la tranca*, fam.: Rausch).
14 **nada más:** hier: sobald.
18 **el infarto:** Infarkt.

MANUELA. Conozco su papel de memoria, de oírlo por los altavoces.

HUMA. ¿Pero tú sabes actuar?

MANUELA. Sé mentir muy bien, y estoy acostumbrada a improvisar.

HUMA. Ya lo he visto.

MANUELA. Mi hijo decía que era muy buena actriz.

HUMA. ¿Tu hijo ...? ¡Ni siquiera sabía que tuvieras un hijo!

Las interrumpe la voz del Regidor, desde el pasillo.

REGIDOR. ¡Tercera! ¡Cinco minutos! *(Él mismo abre la puerta, y entra.)* Huma, ¿qué hacemos? No podemos esperar más.

79. TEATRO TÍVOLI. EN EL ESCENARIO. – INT. NOCHE.

Por corte directo.

En el escenario Kowalski, Blanche y Stella beben sentados alrededor de una mesa. En el centro hay una tarta de cumpleaños. Celebran algo.

Manuela interpreta a Stella. Lleva el pelo recogido y desordenado. Se encuentra cómoda encima del escenario. Cero nervios. Si no recuerda el diálogo lo improvisa, como hacía en las simulaciones de los seminarios de Donación de Órganos. Bajo el vestido lleva una falsa barriga de embarazada, la botarga.

22 **cero nervios:** überhaupt nicht nervös.

25 **la barriga de embarazada:** Bauch einer Schwangeren.
la botarga: Narrenkostüm, Verkleidung.

KOWALSKI *(a Blanche)*. Toma, tu regalo de cumpleaños.

Busca en los bolsillos del pantalón y le da un sobre. Blanche lo coge ilusionada. Está un poco bebida. Kowalski también.
Stella mira a su marido, mientras termina de saborear un trozo de pastel.

KOWALSKI. Espero que te guste.

Blanche abre el sobre. Se le hiela la sonrisa.

BLANCHE *(desconcertada)*. Pero si es …

Dentro del sobre hay una especie de ticket.

KOWALSKI. Un billete de autobús, un billete de vuelta para el martes.
BLANCHE. Me estás … ¿echando …?
KOWALSKI. ¿Tú qué crees?

STELLA-MANUELA *(le reprende)*. ¡Stanley!

Blanche se levanta de su silla, intenta sonreír como si se tratara de una broma, pero no puede.
Vuela en dirección a su habitación. Stella la sigue unos pasos, pero se vuelve indignada a su marido.

STELLA-MANUELA. ¡Por qué le has hecho eso!

Stella empieza a sentirse mal. Se coge la falsa barriga con una mano, y siente que algo palpita en su interior.

6 **saborear:** genießen.
9 **helarse:** gefrieren, einfrieren.
12 **el billete de vuelta:** Rückfahrkarte.

KOWALSKI *(explota).* ¡Estoy harto de que me insulte! ¡Estoy hasta los cojones de veros a las dos cuchicheando delante de mis narices!

Tiene la camisa abierta. Se levanta y empieza a abrochársela, dispuesto a salir. Manuela se siente mal, afortunadamente su malestar es también el de Stella.

STELLA-MANUELA *(ruega).* ¡No te vayas a jugar a los bolos!

El contacto con la falsa barriga ha provocado en Manuela una regresión. Esteban vuelve a estar dentro de ella. Palpita.

KOWALSKI. Sí. ¡Déjame!

STELLA-MANUELA. ¡Espera, Stanley!

Kowalski malentiende la angustia de su esposa. Stella le tiene agarrado de la camisa. Kowalski gira en dirección a la puerta, Stella no cede y la camisa se rompe.

KOWALSKI. ¡Suelta, joder! ¡Me has roto la camisa!

Para quitársela de encima le da un pequeño empujón. Stella recula dos o tres pasos con gesto de dolor, y acaba sentándose en un sillón que hay justo detrás de ella. A Kowalski le molesta esa expresión de terror,

2 **estar hasta los cojones** (vulg.): etwa: die Schnauze voll haben von etwas, etwas beschissen finden.
3 **cuchichear:** flüstern, geheimnisvoll tun.
7f. **jugar a los bolos:** kegeln.
10 **la regresión:** Rückfall.
16 **ceder:** nachgeben.
18 **el empujón:** Stoß.
19 **recular:** zurückweichen.

como si acabara de darle una hostia, y casi ni la ha tocado.
Sin perder de vista el personaje de Stella, Manuela ha multiplicado la angustia que Nina ponía en en esta escena. La sorpresa también favorece al personaje de Stanley. El actor no está acostumbrado a tanto realismo.

STELLA-MANUELA *(reprocha, verdaderamente dolorida).* ¡Bruto!

KOWALSKI. Ya lo era cuando nos conocimos. Pero te recuerdo que mi brutalidad nunca fue un problema para ti. *(Tierno, aunque Stella le mira desencajada.)* Un día me enseñaste la foto de vuestra casa, una maravillosa mansión llena de columnas ... yo te saqué de entre esas columnas y te enseñé a ser feliz ... y nos reímos y seguimos siendo felices hasta que apareció tu hermana Blanche.

Stella estalla en sollozos. Se agarra la tripa con las dos manos.

KOWALSKI *(descolocado).* ¿Qué te pasa Stella?

Está a punto de decir Manuela en vez de Stella.

STELLA-MANUELA *(se coge el vientre).* Llévame al hospital ...

1 **darle una hostia a alg.** (fam.): jdm. eine runterhauen (*la hostia:* Ohrfeige).
8 **reprochar:** Vorwürfe machen, anklagen.
12 **desencajado/a:** außer sich, mit verzerrtem Gesicht.
14 **la mansión:** Landgut.
18 **la tripa:** hier (fam.): Bauch (*la tripa:* Darm).
20 **descolocado/a:** unordentlich; hier (fig.): verwirrt.

Y brama de dolor. Kowalski la coge en brazos. Stella no para de llorar. No es el personaje quien llora, sino Manuela, y no puede contenerse. Stanley la saca del escenario en volandas.

El escenario se queda de pronto desierto. La luz de los jugadores de póker continúa encendida.

Los gemidos incontrolados de Manuela continúan oyéndose en el escenario abandonado. Finalmente los espectadores arrancan a aplcudir.

En la tercera fila, Agrado aplaude y llora, orgullosa de su amiga.

80. CASA MANUELA. – INT. DÍA.

Al día siguiente,

Suena el timbre. Manuela sale a abrir en bata. Es la Hermana Rosa, llega con expresión abatida. Lleva un bolsito de mano. Manuela la invita a entrar.

La monja la felicita por la proeza de la noche anterior.

HERMANA ROSA. Enhorabuena por lo de anoche, me han dicho que estuviste muy bien.

Cansina, la monja la sigue hasta el interior de la casa.

1 **bramar:** brüllen.
3 **contenerse:** sich zurückhalten, sich beherrschen.
4 **en volandas:** eilig, so schnell wie möglich.
15 **abatido/a:** erschöpft.
17 **la proeza:** Großtat, Heldentat; hier: hervorragende Leistung.
18 **la enhorabuena:** Glückwunsch.
20 **cansino/a:** abgehetzt, übermüdet.

MANUELA. ¡No sabes cómo fue! ¡Lástima que no vinieras!

HERMANA ROSA. No me encontraba bien. Me llamó la Agrado, para decírmelo, pero …

MANUELA. Debió llamar a medio Barcelona … Y tú, ¿qué tal?, ¿estás haciendo lo que te dijo el médico?

Entran en el salón. La casa tiene un aspecto más acogedor. La Hermana Rosa extrae un sobre del bolso.

HERMANA ROSA. Vengo de verle … He ido a por los análisis.

MANUELA. ¡Era hoy! Se me había olvidado.

Rosa le ofrece el sobre con los resultados. Manuela los lee sin moverse, de pié, mientras Rosa toma asiento. Manuela devora con la mirada los resultados. En el rostro aparece una expresión de horror. Mira a Rosa, inquisitiva.

HERMANA ROSA. Soy seropositiva …

Manuela estruja con violencia el papel de los análisis hasta convertirlo en una pelota. Lo arroja al suelo con rabia y se acerca a Rosa.

MANUELA. ¡Repetiremos los análisis! … *(No puede contenerse y explota.)* ¡Pero cómo se te ocurrió follar con Lola! ¿No sabes que se pincha desde hace

15 **devorar:** verschlingen.
18 **ser seropositivo/a:** HIV-positiv, mit Aids infiziert sein.
19 **estrujar:** pressen; hier: zerknüllen.
23 f. **follar** (vulg.): bumsen, vögeln.
24 **pincharse:** hier (fam.): sich spritzen (Drogen).

quince años? *(Brutal, a su pesar.)* ¿En qué mundo crees que vives, Rosa?

Hermana Rosa empieza a llorar, de impotencia. A Manuela le brillan los ojos de rabia. Se sienta en otra butaca.

HERMANA ROSA. … No lo sé.

La Hermana Rosa habla como una niña desorientada, Manuela no quiere ensañarse con ella, su furia es contra Lola.
Mira como Rosa llora, quedamente, casi en silencio. Y cambia de tono.

MANUELA. ¿Has hablado con tu madre?
HERMANA ROSA. No.
MANUELA. ¿Y con tus compañeras?
HERMANA ROSA. Tampoco.

Se acerca a Rosa, para estar a su altura Manuela tiene que arrodillarse frente a ella. La abraza.

MANUELA. Bueno, pues vamos a por tus cosas y te instalas aquí.
HERMANA ROSA. Gracias.

Y llora de agradecimiento, arrastrando a Manuela en su llanto.

8 **ensañarse con alg.:** seine Wut an jdm. auslassen.
10 **quedamente** (adv.): ruhig, verhalten, gefasst.
18 **ir a por algo:** etwas holen gehen.

81. TEATRO TÍVOLI. – INT. TARDE.

Esa misma tarde.

Desde dentro del vestíbulo del teatro.
Manuela entra en el teatro. Se encuentra con el Regidor que la detiene un momento para felicitarla por su proeza del día anterior.

82. TEATRO TÍVOLI. CAMERINO HUMA. – INT. TARDE.

Se abre la puerta, desde dentro.
En el camerino de Huma, el ambiente es más frío.
Nina, la espera, pálida pero recuperada del pasote, y en actitud peleona.

NINA. ¡Aquí llega la mosquita muerta! …
MANUELA *(extrañada)*. ¿Qué pasa?
NINA. ¿Lo tenías todo planeado, eh?, ¡hija puta! …
HUMA. ¡Nina, no insultes!
NINA. ¡Eres igualita que Eva Harrington! ¡Te aprendiste el texto de memoria a propósito! Es imposible aprendérselo sólo oyéndolo por los altavoces, ¡coño! ¿Por quién me tomas, por gilipollas?
MANUELA. Los altavoces me ayudaron a recordarlo. El papel de Stella me lo sé desde hace años.
NINA. ¿Ah, sí? ¡Qué casualidad!
MANUELA. ¡No te lo puedes imaginar!

11 **el pasote:** hier etwa (fam.): Entgleisung, Anfall.
12 **peleón/peleona:** streitsüchtig, kampflustig, kämpferisch.
13 **la mosquita muerta** (loc.): Duckmäuser(in).

Manuela no lo dice como revancha. Simplemente es cierto.

Hasta este momento Huma se ha mantenido al margen, fumando, y mirando a las dos mujeres, sin apoyar específicamente a ninguna, aunque su naturaleza la haya condenado previamente a una de ellas.

NINA *(a Huma)*. ¡¿Lo ves?! *(A Manuela.)* ¿Qué buscabas la primera noche en este camerino? … ¡o vas a decirme que también llegaste aquí por casualidad!

Huma espera la respuesta de Manuela; no aprueba el tono despectivo de su compañera, pero la pregunta procede.

MANUELA *(reconoce, letal)*. No fue casualidad …

Nina intercambia miradas con Huma. Manuela está tristísima.

MANUELA. Bueno. No os molesto más, recojo mis cosas y me voy.

Se acerca a la zona donde tiene una caja de costura. Se sienta para recoger sus escasas pertenencias.

HUMA *(amable e intrigada)*. Manuela, creo que deberías darnos una explicación …

1 **la revancha:** Rache, Revanche.
11 **aprobar algo:** mit etwas einverstanden sein, etwas billigen.
12 **despectivo/a:** verächtlich, herablassend.
19 **la caja de costura:** Nähkoffer, Nähkästchen (*la costura:* Naht; hier: Näharbeit).
20 **las escasas permanencias:** wenige Habseligkeiten.
21 **intrigado/a:** neugierig, fasziniert.

Y se sienta también para escuchar lo que Manuela tenga que decir. Aunque Nina la mencionara al principio, ninguna de las tres mujeres piensa en «Eva al desnudo», aunque la situación se parece a la secuencia que Manuela vio con su hijo, cuando Eva entra en el camerino de Margo-Davis y lo inunda de mentiras y de ambición. Manuela es la Anti-Eva Harrington. Eva estaba loca por largar y trepar y Manuela ni siquiera se siente capaz de pronunciar una sola palabra de autodefensa. Huma y Nina la contemplan en silencio desde el extremo opuesto del camerino.
Manuela se esfuerza, pero le resulta atroz abrirse paso entre los recuerdos.

MANUELA. «Un tranvía llamado deseo» ha marcado mi vida. *(Lo dice como si realmente un tranvía la hubiera atropellado una y otra vez, ensañándose con ella, como si el tranvía fuera un animal salvaje y hambriento.)* Hace veinte años, interpreté el papel de Stella, con un grupo de aficionados. Allí conocí a mi marido, él hacía de Kowalski. Hace dos meses vi vuestra versión en Madrid … *(Le duele.)* Fui con mi hijo, era la noche de su cumpleaños … a pesar de que llovía a mares os esperamos en la calle, porque él quería un autógrafo tuyo … *(Huma la mira asustada, empieza a recordar.)* Era una locura, esperar

6 **inundar:** überfluten.
8 **largar:** loslassen; hier (fam.): austeilen.
trepar: klettern; hier (fig.): aufsteigen, Karriere machen.
9 **la autodefensa:** Selbstverteidigung.
10 f. **el extremo opuesto:** die andere Seite, die gegenüberliegende Seite.
12 **atroz:** entsetzlich, schrecklich.
abrirse paso: sich durchbahnen.
23 **llueve a mares:** es schüttet wie aus Eimern, es gießt in Strömen.

bajo la lluvia, pero como era su cumpleaños no me atreví a decirle que no … *(Imágenes breves de Esteban visto desde el interior del taxi de las actrices. Desde el punto de vista de Huma, en concreto.)*

Huma lo recuerda perfectamente. Se vuelve horrorizada a Nina.

Nina no entiende lo que está ocurriendo entre las dos mujeres, esa extraña corriente que fluye de Manuela a Huma, excluyéndola a ella.

MANUELA *(sollozos entrecortados).* Vosotras cogisteis un taxi y él corrió detrás. Un coche que venía por Alcalá le atropelló y le mató. Esa es la explicación, Huma. Esa es la explicación.

Antes de desmoronarse Manuela abandona el camerino.

83. FACHADA DE CASA DE MANUELA.
– EXT. DÍA.

Al día siguiente,

La Hermana Rosa y Manuela llegan al edificio cargadas de paquetes para los nuevos inquilinos (Rosa y su futuro hijo). Realmente la única que los lleva es Ma-

5 f. **volverse horrorizado/a a alg.:** jdn. entsetzt ansehen.
8 **la corriente:** Strom; hier: Energiestrom.
fluir: fließen.
9 **excluir:** ausschließen.
10 **entrecortado/a:** stoßweise.
14 **desmoronarse:** zusammenbrechen.
20 **el inquilino:** Mieter.

nuela, se niega a compartirlos con la monja, a pesar de su insistencia. (Alfombrilla para el cuarto de baño, lamparita para la mesilla de noche. Toallas. Perchas. Una colcha o manta. Un edredón, si la estación lo requiere.) Le da la llave a Rosa.

MANUELA. Toma, abre tú.

Manuela no se desprende de los paquetes para no tener que volver a cogerlos. Hermana Rosa abre la puerta y se queda parada, en medio. Manuela no puede entrar ni ver qué es lo que le impide avanzar a Rosa.

MANUELA. Rosa, si no te mueves no podré entrar.

84. PORTAL CASA MANUELA. – INT. DÍA.

El cuerpo de Rosa tapa el de Huma. La actriz espera sentada en los escalones que dividen el bellísimo portal modernista (deteriorado y con manchas de humedades).
Huma se levanta y se dirige a la pareja.

MANUELA. ¡Huma! ¿Qué haces aquí?
HUMA. ¡Hola! *(improvisa)* He venido a pagarte. Ayer te viniste sin cobrar. Deja que te ayude.

2 **la alfombrilla:** Vorleger, kleiner Teppich.
3 **la percha:** Kleiderbügel.
4 **la colcha:** Überdecke, Bettdecke.
la manta: (Woll-)Decke.
el edredón: Daunendecke, Federbett.
7 **desprenderse de algo:** etwas loslassen.
14 **el escalón:** Stufe.
15f. **la humedad:** Feuchtigkeit.

Manuela le permite coger uno de los paquetes; hace las presentaciones.

MANUELA. Huma, esta es mi hermana Rosa.

Las dos mujeres se saludan. Manuela invita con un gesto a la actriz.

MANUELA. Vamos al ascensor. *(En el camino.)* ¿Y Nina?

HUMA. La he dejado con Mario. Te manda saludos.

Manuela la mira incrédula.

85. CASA MANUELA. – INT. DÍA.

Las tres mujeres cruzan el vestíbulo y entran en el gran salón. Dejan las bolsas junto a un mostrador que relaciona el salón con la cocina.

MANUELA. Rosa, descansa un poquito …

HERMANA ROSA. No estoy cansada.

MANUELA. No me discutas. ¿Quieres tomar algo, Huma?

HUMA. No, gracias.

Hermana Rosa se retira a su habitación, a regañadientes, hubiera preferido quedarse con la pareja.
Huma y Manuela se sientan en el salón. Huma enciende un cigarrillo. Se desahoga:

9 **incrédulo/a:** ungläubig.
19 **retirarse:** sich zurückziehen.
19f. **a regañadientes:** widerwillig, unwillig.
22 **desahogarse:** sich aussprechen, sich Erleichterung verschaffen.

HUMA. No he dormido en toda la noche, pensando en tu hijo ... Recuerdo perfectamente su rostro, bajo la lluvia, con el cuaderno en la mano ...

Lo dice como si lo estuviera viendo en ese momento. Manuela rechaza la imagen y las palabras.

MANUELA *(aterrada)*. No quiero hablar de eso, Huma. No puedo.

Basta mirarla para ver que no es un capricho.

HUMA *(entiende)*. Ya ... *(Cambia de tono y de tema.)* Además de pedirte perdón, Nina y yo querríamos que volvieras con nosotras.

MANUELA *(sin acritud, baja la voz)*. Aunque no lo parezca Rosa está enferma, necesita alguien que se ocupe de ella todo el día ... no puedo dejarla. Lo siento.

HUMA *(débil, reflexiona en voz alta)*. No sé por dónde tirar, Manuela.

MANUELA. ¿Por qué no ingresas a Nina en una clínica?

Rosa cruza en dirección a la cocina. Huma y Manuela bajan la voz para que no las oiga. Rosa coge un vaso y lo llena de agua.

HUMA. Si no terminamos el contrato, la compañía me denunciará a magistratura.

6 **aterrado/a:** panisch, in Panik.
12 **la acritud:** Schärfe.
16f. **no sé por dónde tirar** (fam.): ich weiß nicht, wie's weitergehen soll.
18 **ingresar:** eintreten; einliefern.
23 **la magistratura:** *la magistratura de trabajo:* Arbeitsgericht.

MANUELA. Búscale una sustituta y termina tus compromisos con la compañía.
HUMA. Sin Nina no puedo hacer la función. Ella está enganchada al caballo, pero yo estoy enganchada a ella …

Breve pausa. Suena el timbre.

86. CASA MANUELA. – INT. DÍA.

Rosa coge el auricular del portero automático, en la cocina. Responde y pulsa un botón. Huma y Manuela la observan desde el salón, intrigadas.
Manuela pregunta, levantando la voz.

MANUELA. ¿Quién era?
HERMANA ROSA. La Agrado.
MANUELA. ¿Y le has abierto?
HERMANA ROSA *(acercándose al grupo)*. Sí.
MANUELA *(molesta)*. Tenías que haberle dicho que estábamos ocupadas. Lo digo sobre todo por ti. Anda, échate aquí en el sofá y deja de moverte.

La Hermana Rosa obedece. Se echa en el sofá, junto a Manuela, es lo que andaba buscando.

HUMA *(por Rosa)*. ¿Qué le pasa exactamente?
HERMANA ROSA. Un accidente …
HUMA. ¡Ah! ¿De qué tipo?

1f. **el compromiso:** Verpflichtung.
3f. **estar enganchado/a a algo** (fam.): süchtig nach etwas sein.
8 **el auricular:** (Telefon-)Hörer.
9 **pulsar un botón:** einen Knopf drücken.

Manuela interrumpe a la actriz, antes de que Rosa diga nada.

MANUELA. ¡Cómo no se me ha ocurrido antes! ¡Agrado podría ocupar mi puesto!

HERMANA ROSA *(reclinada en el sofá).* ¡Claro! *(Lo ha oído todo, sabe perfectamente de qué va el asunto.)*

HUMA. ¿Agrado es a la que no querías abrirle?

Manuela sonríe, consciente de su contradicción.

MANUELA. Sí … tonterías nuestras. Pero para ti es ideal.

Manuela escucha el ascensor en el piso de abajo y sale antes incluso de que suene el timbre de la puerta, como si quisiera aleccionar a Agrado antes de presentársela a Huma.

87. CASA MANUELA. – INT. DÍA.

Solas, Huma y Rosa. Hermana Rosa, tendida en el sofá, con el pelo revuelto, como una odalisca, alegrándole inconscientemente la vista a Huma.

HUMA. ¿Qué edad tiene Agrado?

HERMANA ROSA. Mayorcita. Entre treinta y cincuenta.

5 **reclinado/a:** zurückgelehnt.
9 **la contradicción:** Widerspruch.
14 **aleccionar:** instruieren, unterweisen.
18 **revuelto/a:** durcheinander, wirr.
la odalisca: Odaliske, Haremsfrau.
21 **mayorcito/a** (dim.): *mayor:* hier: mittleren Alters.

A Rosa no se le ocurre considerar que Huma supera los 50.

HUMA. ¿Y Agrado es su nombre real?

HERMANA ROSA. No, es su nombre artístico, como Huma.

HUMA. ¿Sabes por qué me puse Huma?

HERMANA ROSA. Sí, me lo ha contado Manuela.

HUMA *(decepcionada, le hubiera encantado contarle ella la historia de su nombre)*. ¿Y qué más te ha contado?

HERMANA ROSA. Todo. Tu relación con Nina, que ella es yonki. Y que lo vuestro tiene muy mal final.

HUMA. ¿Ah, sí? ¿Y qué más te ha dicho? Es que soy muy curiosa. *(La verdad es que no esperaba de Manuela semejante indiscreción.)*

HERMANA ROSA. Que tú, como actriz eres maravillosa, pero como persona estás muy equivocada.

HUMA *(seca)*. ¿Y qué más?

HERMANA ROSA *(por fin se da cuenta, en voz baja)*. Y que no dijera nada.

88. CASA MANUELA. – INT. DÍA.

Manuela y Agrado, en la puerta.

MANUELA. ¿Qué llevas ahí?

Señala dos bolsas.

AGRADO. Cava y Helado.

1 f. **superar los 50:** die 50 überschritten haben.
25 **la cava:** (spanischer) Sekt.

MANUELA. ¿Y eso?

AGRADO. Vengo a celebrar tu éxito de anoche en el teatro. ¡Cabrona!

Se dan un breve beso en los labios. Y después se ladran mutuamente. Es una clave de amigas. Después de ladrarse se mean de risa, claro. Es como un rito adolescente.

Aparecen en el salón. Huma vuelve la cabeza. No da crédito a lo que ven sus ojos. Agrado no se da por aludida y avanza hacia la mesa donde está Huma y la Hermana Rosa.

AGRADO. ¡Pero bueno, qué sorpresa! Tres chicas solas, en una casa con pocos muebles siempre me recuerda «Cómo casarse con un millonario»‣. ¿Qué tal, Hermana Rosa?

Rosa le sonríe con un «Hola».

MANUELA *(presenta)*. Huma, ésta es la Agrado.

AGRADO. ¡Encantada! … Soy fans.

La actriz la saluda distante. No le cae mal, pero no es exactamente lo que ella esperaba.

3 **la cabrona:** weibliches Gegenstück zu *el cabrón*; hier freundschaftlich: Luder, Miststück.

4f. **ladrarse:** sich anbellen.

5 **mutuamente** (adv.): gegenseitig.
la clave de amigas: Geheimcode unter Freundinnen.

6 **mearse de risa** (fam.): sich in die Hosen machen vor Lachen (*mear*, fam.: pinkeln).

6f. **el rito adolescente:** hier: Teenager-Ritus.

8f. **no dar crédito a algo:** etwas nicht glauben können, etwas keinen Glauben schenken.

9f. **darse por aludido/a:** sich angesprochen fühlen.

18 **el fan** (fam., ingl.): Fan, Bewunderer(in).

HUMA. ¿Qué tal?

AGRADO. Huma, tú eres una diosa, una leyenda viva. Ya te digo que soy fans, así en plural, pero cómo estuvo mi Manuela la otra noche … No sé cómo estaría por la tarde, pero por la noche … ¡Lo que pude llorar!

Agrado está un poco sobreactuada, pero es sincera. De pronto, se vuelve a la Hermana Rosa.

AGRADO. ¿Y tú no tenías que estar en El Salvador?

HERMANA ROSA. Ya no voy. Me quedo aquí.

Agrado la mira tipo «¿y no me vas a decir más?» Antes de que se lo pregunte las interrumpe Manuela.

MANUELA *(a Agrado)*. Agrado, ya no trabajo con Huma. Y antes de que llegaras, comentábamos que tú podrías ocupar mi puesto … *(Cautelosa.)*

AGRADO. ¿Yo haciendo de Stella? *(Decepcionada.)* Pues me veo más de Blanche …

A Huma empieza a hacerle gracia la ingenuidad de Agrado. Pero no es un bufón lo que ella necesita, sino una asistente personal que sea un lince.

MANUELA *(rezonga, frustrada)*. ¡He dicho sustituirme a mí, no a Nina! ¡Y mucho menos a Huma!

AGRADO *(decepcionada)*. ¡Ah!

7 **sobreactuado/a:** überdreht.
15 **cauteloso/a:** vorsichtig.
18 **la ingenuidad:** Unschuld, Ahnungslosigkeit.
19 **el bufón:** Clown.
20 **ser un lince** (fig.): sehr klug sein, auf alles achten (*el lince:* Luchs).
21 **rezongar:** murren, brummen.

HUMA. Gracias, Manuela, pero no creo que ...

MANUELA. Ponla unos días a prueba ... no es tan bruta como parece.

AGRADO. Sí que lo soy, Huma. ¡Muy bruta! Ahora, por ejemplo, no me estoy enterando de nada. Así que te voy a dar una botella *(la saca de la bolsa)* y así nos alegramos un poco. *(A Rosa.)* Traje helado.

Manuela encuentra excelente la idea de beber, la situación se estaba enrareciendo.

MANUELA. Vamos a beber. Así aflojamos un poquito. *(Se levanta.)* Voy a por vasos.

Hermana Rosa aclara:

HERMANA ROSA. Yo sólo voy a tomar un poquito de helado. No puedo beber alcohol.

HUMA. Pues yo me apunto al trago.

Agrado trata a Huma con total confianza.

AGRADO. ¿Oye, qué le pasa a Manuela? La noto un poco rara. ¿No se le habrá subido tan pronto el éxito a la cabeza, verdad?

Huma cada vez encuentra más divertida a Agrado.

HERMANA ROSA *(a Agrado)*. Es que quiere encasquetarte a Huma.

10 **enrarecerse:** eigenartig werden.
11 **aflojar:** hier: sich entspannen, lockerer werden.
16 **apuntarse a algo:** dabei sein, mitmachen.
el trago: Drink, Getränk.
22 f. **encasquetarle algo a alg.:** jdm. etwas einreden, aufdrängen.

¡Qué descaro de chicas!, piensa Huma, mientras suelta una carcajada.

Elipsis.

89. CASA MANUELA. – INT. DÍA.

Ha pasado el tiempo. Cáscaras de pipas y cacahuetes llenan la mesa, además de las tres botellas y el recipiente del helado, vacíos.
Todas están muy animadas, incluida la Hermana Rosa.

HERMANA ROSA. A mí Prada▸ me parece ideal para monja.
HUMA. Mi problema es que como me sienta todo bien, soy muy ecléctica.

Manuela se mira obsesivamente las manos.

MANUELA. ¿Sabes que me han salido sabañones desde que estoy en Barcelona?
HUMA. ¿Ah, sí? Déjame ver … mi madre decía …

Agrado hace ruido con la botella y un vaso para llamar la atención de las chicas.

1 f. **soltar una carcajada:** in Gelächter ausbrechen.
5 **la cáscara de pipas:** Sonnenblumenkernschale (*las pipas:* geröstete Sonnenblumenkerne).
el cacahuete: Erdnuss.
6 f. **el recipiente:** Schale, Becher.
12 **ecléctico/a:** eklektisch, aus verschiedenen Stilen zusammengesetzt, unoriginell.
13 **obsesivamente** (adv.): zwanghaft, besessen.
14 **el sabañón:** Frostbeule.

AGRADO. Sacabó. ¿Quieren que vaya por más?

Huma está un poco achispada y mucho más optimista. Se levanta.

HUMA. Me encantaría, pero no. ¿Dónde está el baño?

Manuela le indica con la mano.
En el camino la actriz trastabillea ligeramente.
Una vez solas, Agrado se levanta y se hace un sitio en el sofá para dos, que comparten Manuela y la Hermana Rosa:

AGRADO *(clandestina)*. Vosotras tenéis que ponerme al día de lo que está pasando en esta casa, que ni que fuera una extraña.

Manuela y la Hermana Rosa continúan comiendo pipas con fruición.

MANUELA. Mañana te lo cuento.

HERMANA ROSA. No. Que ésta no es capaz de tener la boca cerrada.

AGRADO. ¡Yo sé muy bien cómo tener la boca cerrada! ¿No os he seguido la corriente, como una inglesa, para que Doña Sumé (por Huma) no se coscara de nada? ¡Pero si soy un modelo de discreción! Hasta

1 **sacabó** (fam.): *se acabó:* aus!, fertig!, das reicht!
2 **achispado/a:** beschwipst.
6 **trastabillar:** wanken, schwanken.
10 f. **ponerse al día:** sich auf dem Laufenden halten.
14 **con fruición:** genüsslich (*la fruición:* Genuss).
19 **seguirle a alg. la corriente:** mitspielen.
como una inglesa: hier etwa (fig.): ganz cool.
20 f. **para que Doña Sumé no se coscara de nada:** etwa (fam.): damit Frau Sumé nicht alles mitbekommt (*coscarse:* die Achseln zucken).

cuando me estoy comiendo una polla sé ser discreta. *(En ese momento aparece Huma, pero ninguna de las tres la ve.)* La de pollas que me habré comido en lugares públicos sin que nadie, excepto el interesado, se diera cuenta.

Huma se integra en la conversación.

HUMA. ¡El tiempo que hace que no me como yo una polla!

Las tres mujeres se sienten cogidas in fraganti, pero el comentario de Huma les quita toda posible aprensión. Y se tronchan.
Huma se une a sus risas.

HERMANA ROSA *(muy suelta, pero con cierto apuro).* Pues a mí siempre me ha encantado la palabra polla y ¡pollón!

Vuelven a desternillarse.

90. CASA MANUELA. – INT. DÍA.

Huma se inclina sobre la mesa, recoge su bolso y su mechero.

HUMA *(sin sentarse).* Manuela, tengo que irme.
MANUELA. ¿Estás bien?

1 **comerse una polla** (vulg.): jdm. ‚einen blasen' (*la polla*, vulg.: ‚Schwanz', Penis).
4 f. **el interesado / la interesada:** Kunde, -in, Käufer(in).
9 **coger in fraganti:** in flagranti erwischt.
11 **troncharse:** *troncharse de risa:* sich totlachen (*troncharse:* zerbrechen).
15 **el pollón** (vulg.): Riesenschwanz (*-ón* ist verstärkende Nachsilbe).
16 **desternillarse:** *desternillarse de risa:* sich kugeln vor Lachen.

HUMA. ¡Sí, mucho mejor!

Mucho más borracha, quiere decir.

MANUELA. Agrado, acompáñala a coger un taxi.

Agrado se levanta.

HUMA. Ah, se me olvidaba. *(Saca del bolso un sobre.)* Toma.

Se lo entrega a Manuela.
Y se despiden. Agrado se despide de Manuela y Hermana Rosa con unos ladridos muy graciosos.
Yéndose:

HUMA *(a Agrado)*. Tú me tienes que enseñar a ladrar.

91. RELLANO CASA MANUELA. – INT. DÍA.

Agrado y Huma salen al rellano. Caminan tres pasos hasta la puerta del ascensor y esperan.

HUMA. ¿Qué dos hermanas tan distintas, verdad?
AGRADO. ¿Ah, pero son hermanas? …
HUMA. Eso me ha dicho Manuela.
AGRADO. Pues si ella lo dice …
HUMA. ¿Me parece que sois un poco liantas, eh?
AGRADO. Hay que cogernos el punto.

Pulsan el botón de llamada del ascensor. Compás de espera.

19 **ser un poco liantas** (fam.): unter einer Decke stecken (*liarse con alg.:* sich mit jdm. einlassen).
20 **cogerle el punto a alg.** (fam.): jdn. richtig verstehen.
21f. **el compás de espera** (mus.): ganztaktige Pause; hier (fig.): Zwangspause, Wartezeit.

HUMA. Oye, Agrado. ¿Tú sabes conducir?
AGRADO. Sí … de joven fui camionero.
HUMA. ¿Ah, sí?
AGRADO. En París, justo antes de ponerme las tetas. Luego dejé el camión y me hice puta.
HUMA. ¡Qué interesante!
AGRADO. Mucho.

Entran en el ascensor.

92. CASA MANUELA. – INT. DÍA.

El sobre que Huma le dio a Manuela contiene un cheque por cientocincuenta mil pesetas por las dos semanas de trabajo, como asistente personal para todo. También hay un folio doblado.
Manuela piensa que es una especie de factura, un recibo por el dinero. Pero su expresión no es la de quien lee una factura, una factura no suele provocar tanta emoción. (Querido Esteban: Este es el autógrafo que nunca llegué a escribirte, y no porque tú no lo intentaras …)
Rosa la mira inquisitiva.

HERMANA ROSA. ¿Qué es?
MANUELA. Un autógrafo de Huma, para Esteban.

2 **el camionero:** LKW-Fahrer.
11 **cientocincuenta mil pesetas:** ca. 913 Euro.
13 **el folio doblado:** gefaltetes Blatt.
14 **la factura:** Rechnung.
14 f. **el recibo:** Beleg, Empfangsbestätigung.

93. TEATRO TÍVOLI. CAMERINO NINA. – INT. TARDE.

Semanas después,

En el camerino de Nina. Agrado sigue la obra por los altavoces, mirando el libreto de la actriz, y tratando de memorizar el texto, mientras remata el rebozo que le ponen al muñeco que utilizan como bebé de Stella. Final de la escena undécima, todo en off:

BLANCHE. Y volvió a pedirme perdón con un ramo de rosas. «Perdón» decía, pero hay cosas que son imperdonables. La crueldad no merece perdón. Es lo único que no se puede perdonar y algo de lo que jamás se me ha podido acusar …

Agrado lee el libreto de la obra a la par que Blanche dice el texto en el escenario, formando un dúo en el que sobresale la voz de Agrado.
De pronto aparece Nina en el camerino. Agrado deja el libreto, como si hubiera caído en sus manos por azar y recupera la costura. Su esfuerzo por disimular la ponen en evidencia.

5 **el libreto:** Textheft.
6 **rematar:** beenden; hier: festnähen.
el rebozo: Verhüllung; (fig.) Maske.
7 **el muñeco:** (Stoff-)Puppe.
8 **undécimo/a:** elfte(r, s).
11 **la crueldad:** Grausamkeit.
14 **a la par:** gleichzeitig.
16 **sobresalir:** sich abheben.
18f. **por azar:** zufällig (*el hazar:* Zufall).
19 **recuperar la costura:** die Näherei wieder aufnehmen.
20 **poner en evidencia a alg.:** jdn. verraten.

Continúa oyéndose por los altavoces, la escena entre Kowalski y Blanche.
Nina llega ansiosa. No le importa lo que Agrado pueda estar haciendo con el texto.

NINA. ¿Qué … aprendiéndote el papel tú también?
AGRADO *(en pleno marrón)*. ¿Yo? … no, mujer.
NINA *(nerviosa)*. Pues deberías hacerlo, por si acaso … ¿te importa dejarme sola?
AGRADO. ¿Pa qué, pa fumarte un chino? *(Reprocha.)* ¿Ya no puedes esperar al final?

Nina empieza a sacar el material, lo tiene escondido dentro de su bolsa.

NINA. Si lo sabes, no me lo preguntes …

Agrado no se mueve de su sitio, y Nina tampoco tiene verdadero interés en echarla.

AGRADO. Si no quieres que le diga nada a Huma, fúmatelo en el cuarto de baño, donde yo no te vea. No tengo por qué ver estos espectáculos.
NINA *(con un gesto le señala la puerta)*. ¡Bueno, al loro con la puerta!

A pesar de las circunstancias hay buen feeling entre las dos. Agrado actúa como ese tipo de amiga-íntima-respondona, en el mejor estilo Thelma Ritter▸*. De esas que siempre te van a apoyar, pero no dejará de recordártelo cada vez que tenga ocasión.*

6 **en pleno marrón** (fam.): auf frischer Tat ertappt, erwischt (*el marrón:* Vorschlaghammer).
9 **fumarse un chino** (fam.): Heroin rauchen.
19f. **¡al loro con …!** (fam.): zum Teufel mit …!
22f. **la amiga-íntima-respondona:** etwa (fig.): rechthaberische Busenfreundin.

94. TEATRO TÍVOLI. CAMERINO NINA. – INT. NOCHE.

Nina entra en el pequeño cuarto de baño mientras Agrado se recuesta sobre la puerta de entrada al camerino para controlar intermitencias.

AGRADO. Ya sé que cuando se es joven (bueno, tampoco eres una niñata ...) esas cosas no tienen valor. Pero eres mona (proporcionadita, chiquitina, pero mona). Has adelgazado (con tó lo que te metes, ¡cómo no vas a adelgazar! Pero bueno, lo importante es que has bajao). Tienes talento (limitaíto, pero tienes tu talento) y sobre todo una mujer que te quiere ..., ¡Y lo cambias todo por el caballo! ¿Tú crees que te compensa? ¡Pues no te compensa!

Nina sale del cuarto de baño. Guarda las cosas en su bolsa. Está más tranquila y más pálida.

NINA. Lo cambio ... por un poquito ... de paz ... si no me fumo un chino me subo por las paredes ... Ayúdame a cambiarme.

5 **la intermitencia:** kurze Unterbrechung.
7 **la niñata:** dummes kleines Mädchen.
8 **proporcionadito/a** (dim.): *proporcionado/a:* gut gebaut.
chiquitino/a (dim.): *chico/a:* klein.
9 **adelgazar:** abnehmen.
11 **haber bajao** (fam.): *haber bajado:* abgenommen haben.
limitaíto/a (fam.): *limitado/a:* begrenzt.
14 **compensarse:** aufwiegen.
subirse por las paredes: die Wände hinaufgehen.

95. TEATRO TÍVOLI. CAMERINO NINA.
– INT. TARDE.

Agrado le ayuda a quitarse el vestido y la botarga (la falsa barriga de embarazada, una simple almohada ajustada al vientre).
Mira el pecho-con-relleno de Nina, le quita los dos rellenos.

AGRADO. Te estás quedando escurría.
NINA. Comparada contigo, desde luego. ¿Nunca has pensado operarte del todo?

Nina termina de colocarse la otra bata frente al espejo, se retoca un poco el maquillaje.

AGRADO. No. Las operadas no tienen trabajo. A los clientes les gustan neumáticas y bien dotadas.

Nina enciende un cigarrillo y Agrado continúa con lo que estuviera haciendo antes.

NINA *(extrañada)*. ¿Reumáticas?
AGRADO. No *(deletrea)*. N-E-U-M-Á-T-I-C-A-S. *(Se señala los pechos, redondos como pelotas.)* Un par de tetas, duras como ruedas recién infladas y además un buen rabo …
NINA. Agrado, ¿por qué no me enseñas el rabo?
AGRADO. ¡A ti te ha sentado mal ese chino!

6 **el pecho-con-relleno:** Busenfüllung, wattierte Buseneinlage.
8 **escurrío/a** (fam.): *escurrido/a:* mager, dürr.
12 **retocarse:** sich herrichten.
14 **neumático/a:** mit Luft gefüllt, aufgeblasen, voll.
bien dotado/a: gut ausgestattet.
20 **recién inflado/a:** frisch aufgepumpt.

NINA *(juguetona)*. A lo mejor también termina gustándome.

AGRADO. Gustándote lo que te gusta, ¡ya tienes bastante problema! No necesitas más complicaciones.

Alude al altavoz …

AGRADO. ¡Venga, que tienes que salir! y cuidado, no le vomites a nadie encima …

NINA *(yéndose)*. Al público le encanta … como hago de preñada, creen que es por el papel, y flipan.

AGRADO. En la próxima escena no estás preñá, ya has parido al muñeco.

Coge el muñeco de la encimera, le pone la frazada y se lo entrega a Nina.

NINA *(no había caído)*. Es verdad.

AGRADO. ¡Venga, vete ya!

Nina sale del camerino, con el muñeco, y cierra la puerta.

1 **juguetón, -ona:** spielerisch, verspielt.
6 **aludir a algo:** etwas andeuten, auf etwas hinweisen.
10 **la preñada:** Schwangere.
flipar (ingl.): ausflippen.
11 **preñá** (fam.): *preñada*.
12 **parir:** zur Welt bringen, gebären.
13 **la frazada:** Wolldecke.
15 **caer:** hier (fam.): draufkommen, mitkriegen.

96. CASA MANUELA. HABITACIÓN ROSA. – INT. DÍA.

Meses después.

La Hermana Rosa ha engordado mucho, pero sólo el vientre; el rostro lo tiene más chupado. Más que nunca parece una niña pegada a una barriga. Y la suya es de verdad.
Han pasado varios meses.
Manuela le quita la cuña de debajo de las piernas (donde hace sus necesidades). Sale de la habitación y vuelve con una especie de bandeja llena de productos de higiene.
La Hermana Rosa no se mueve, se deja hacer.
A pesar de las dificultades propias de la enfermedad las dos mujeres están muy serenas.

Manuela empieza a limpiarle las mejillas con una toallita mojada, y a arreglarle un poco el cabello.

HERMANA ROSA. Le voy a poner Esteban.
MANUELA. ¿A tu hijo, y eso por qué?
HERMANA ROSA. Por el tuyo ... Este niño va a ser de las dos ...

5 **chupado/a:** mager, eingefallen, ausgemergelt.
6 **pegado/a a:** festgemacht an.
9 **la cuña:** Keil; hier: Leibschüssel.
10 **las necesidades** (pl.): Notdurft (*la necesidad:* Bedürfnis, Notwendigkeit).
13 **dejarse hacer:** sich herrichten, pflegen lassen.
15 **sereno/a:** heiter.

Manuela se enternece. Mientras le fregotea la cara y los brazos, manipulando su cuerpo inanimado.

MANUELA. ¡Ojalá! … Ojalá estuviéramos solas en el mundo, sin ningún compromiso, ni monjas, ni familia, ni amigos … ¡Tú y tu niño, para mí sola! … pero tienes familia, Rosa … *(Termina de peinarla.)* ¿Voy a maquillarte un poco, eh? …

HERMANA ROSA. ¿Para qué? …

MANUELA. ¡Me gusta verte guapa! Además he llamado a tu madre. Va a venir a verte esta tarde.

Hermana Rosa la mira asustada.

HERMANA ROSA. ¡¿Mi madre?!

1 **enternecerse:** weich werden; hier: gerührt sein.
fregotear: abreiben, abwischen.
2 **inanimado/a:** reglos.

MANUELA. Sí, tienes una madre, ¿no te acuerdas?
HERMANA ROSA. ¿Y qué le digo?
MANUELA. ¡Que la quieres … yo qué sé!

97. TEATRO TÍVOLI. CAMERINO HUMA. – INT. TARDE.

Falta media hora para empezar la función. Agrado está terminando de colocar las pelucas, el maquillaje, todo lo que Huma necesita para la representación. Mira el reloj, todavía tiene tiempo. No hay prisa. Entra Mario del Toro con ganas de expansión.

AGRADO. ¡Qué pronto llegas hoy!
MARIO. Sí … *(Por preguntar algo.)* ¿Qué haces?
AGRADO. Coloco un poco esto … ¿te ocurre algo? …
MARIO *(haciéndose el interesante)*. Anoche no dormí bien. Llevo todo el día nervioso.

Agrado se le queda mirando. Encuentra el tono de Mario trascendente y artificial.

MARIO *(pretende ser casual)*. ¿No me harías una mamada? …
AGRADO *(despectiva)*. Oye, ¿aquí no os entra en la cabeza que yo ya estoy jubilada?
MARIO *(como si eso le justificara)*. Creo que una mamada me relajaría …
AGRADO. Mámamela tú a mí, que yo también estoy nerviosia.

10 **la expansión:** Ausdehnung; hier: Ablenkung, Entspannung.
17 **transcendente:** durchschaubar, offensichtlich.
artificial: hier: gekünstelt.
18f. **hacer una mamada a alg.** (vulg.): jdm. ‚einen blasen'.

MARIO. Será la primera vez que le como la polla a una mujer, pero si hace falta …

Agrado le mira sin dar crédito.

AGRADO. ¡Qué obsesión os ha entrado a toda la compañía con mi polla! ¡Ni que fuera la única! ¿Tú no tienes polla?

MARIO. Sí.

AGRADO. ¿Y la gente te pide por la calle que le comas la polla, sólo porque tú tengas polla? ¿A que no? *(Mario niega con la cabeza. Suena el timbre de un teléfono móvil. Mientras lo busca le aclara.)* Pues te la voy a comer, pa que veas …

Agrado coge el telefonillo y responde.

AGRADO. ¿Sí?

Mario aprovecha y entra en el pequeño cuarto de baño del camerino.

98. TEATRO TÍVOLI. CUARTO DE BAÑO CAMERINO HUMA.

Mario se coloca el paquete. Y se mira en el espejo. Se peina con los dedos. Abre la boca y observa su dentadura. Seductor.
Agrado habla por el telefonillo. Está apoyada en la encimera, de espaldas al cuarto de baño. Por su expre-

9 **¿a que no?:** stimmt's?!, wetten?!
19 **colocarse el paquete** (fam.): etwa: seinen besten Freund herrichten (*el paquete:* hier, fam.: Gemächt, Männlichkeit).
20 f. **la dentadura:** Gebiss.
21 **secuctor, -a:** verführerisch.

sión se adivina que al otro lado de la línea hay problemas graves.
Mario sale del baño, sonriente. Oye que Agrado se está despidiendo de alguien, llorosa.

AGRADO. Vale, no te preocupes. Ya me ocupo yo de todo.

Termina de hablar y cuelga.

99. TEATRO TÍVOLI. CAMERINO HUMA. – INT. TARDE.

Cuando mira a Mario tiene los ojos llorosos.
Agrado se vuelve a Mario, desencajada. Él está tan excitado que no se da cuenta.

MARIO. ¿Me acompañas a mi camerino? Lo digo por si viene Huma ...
AGRADO. Huma no puede venir, está en el hospital con Nina.
MARIO. ¿En el hospital? ¿Qué ha pasado?
AGRADO. Han estado a punto de matarse la una a la otra ...
MARIO. ¡Joder!

Agrado coge un clínex para secarse las lágrimas. Lo veía venir. Está destrozada. Le ha tomado mucho cariño a las dos mujeres.
Mario también está conmocionado.

11 f. **excitado/a:** erregt.
22 **destrozado/a:** am Boden zerstört.
24 **conmocionado/a:** gerührt.

MARIO. Hoy sí habrá que suspender …

AGRADO. ¡No digas nada!

MARIO. Pero algo habrá que decir.

AGRADO. ¡Sí, pero no hace falta que sea verdad! ¡Ya me inventaré yo algo!

100. CASA MANUELA. HALL. – INT. TARDE.

Suena el timbre.

Manuela cruza el vestíbulo y abre la puerta del piso.

Con cara de circunstancias la madre de Rosa la saluda escuetamente.

MADRE. Hola.

Manuela la invita a entrar. Cruzan el breve vestíbulo y entran en el salón. La Madre encuentra el espacio deprimente. O tal vez sea la situación. El silencio y la actitud serena y severa de Manuela la intimidan.

MADRE. ¿Dónde está?

Con un gesto de la mano, Manuela le indica la dirección de la habitación grande.

MANUELA. Ahí, en la habitación.

Manuela no la acompaña, se queda en el salón. La Madre avanza por el pasillo y desaparece por la puerta de la habitación.

9 **con cara de circunstancias:** mit einer den Umständen entsprechenden Miene.
10 **escuetamente** (adv.): knapp, trocken.
15 **intimidarle a alg.:** jdn. einschüchtern.

101. CASA MANUELA. HABITACIÓN ROSA. – INT. TARDE.

Madre e hija se funden en un incómodo y emocionado abrazo (incómodo por la postura a la que ambas están obligadas). Rosa continúa en la cama. La Madre mira con extrañeza la prominente barriga. Está desbordada. Se lamenta, tiernamente:

MADRE. ¡Y yo preocupada, creyendo que estabas en El Salvador! Por lo que veo ya has aprendido a mentir.

HERMANA ROSA. No sabía cómo decírtelo.

MADRE. ¿Qué vas a hacer, vas a dejar la orden, te vas a casar?

HERMANA ROSA. ¡Qué cosas preguntas, mamá!

MADRE. ¡Contigo nunca se sabe! Por lo menos yo. Hasta de esto, he tenido que enterarme por tu amiga …

HERMANA ROSA. ¡Manuela! … ¡No sé qué hubiera hecho sin ella!

La Madre siente envidia de Manuela.

ROSA. ¿Cómo está papá?

MADRE. Como siempre. No sé. Peor. Si no te importa, prefiero no decirle nada, de todos modos no se enteraría.

ROSA. ¿Y Sapic?

3f. **fundirse en un abrazo** (fig.): sich innig umarmen (*fundir:* [ver]schmelzen).
4 **la postura:** Haltung.
6 **prominente:** herausragend, hervorstehend.
desbordado/a: hier: überwältigt (*desbordar:* über die Ufer treten).
24 **Sapic:** der Schäferhund von Rosas Eltern.

MADRE. Bien … Rosa, no sé qué hacer. ¿Qué esperas que haga?
ROSA. Nada, mamá.
MADRE *(triste y realista)*. ¿No esperas nada de mí?
ROSA. No es eso. Quiero decir que no me lo pongas más difícil.

La Madre asiente con la cabeza.

102. CASA MANUELA. HALL. – INT. TARDE.

Manuela continúa sentada en el salón. La Madre sale de la habitación y se reúne con ella. Mantiene el tipo, pero está a punto de echarse a llorar.

MADRE *(en voz baja)*. ¿Qué tiene exactamente? Por teléfono no me enteré bien …
MANUELA *(en voz baja también, para que Rosa no pueda oírlas)*. Ségun la ecografía, tiene placenta previa … el ginecólogo dice que habrá que practicarle una cesárea programada … mientras tanto debe hacer reposo absoluto, no debe moverse ni para ir al lavabo …

La Madre comprende la gravedad de la situación. Quién hubiera dicho que la misma mujer a la que hace unos meses confundió con una puta le daría semejante lección de maternidad.

10 **mantener el tipo** (fam.): sich zusammenreißen.
15 f. **la placenta previa:** Gebärmuttervorfall.
16 f. **practicar una cesárea programada:** einen (geplanten) Kaiserschnitt vornehmen.
23 **la maternidad:** Mutterschaft.

MADRE. ¿Crees que debería llevármela a casa? Ya sabes cómo está el padre, tengo que estar pendiente de él como si fuera un niño.

MANUELA. Usted es su madre. Pero creo que Rosa está mejor aquí.

MADRE. Esa es la impresión que me ha dado. Si necesitáis dinero me lo pides. Y por favor, tenme informada.

MANUELA. Descuide.

La Madre se dirige hacia la puerta de salida, seguida por Manuela. La Madre insiste en que no es necesario que la acompañe, y Manuela insiste que no es ninguna molestia. Una vez en la puerta la Madre se vuelve a Manuela.

MADRE *(pausa)*. No sé qué hice mal con Rosa … *(Manuela no dice nada.)* Desde que nació fue como una extraterrestre. ¿Tienes hijos?

MANUELA. Sí, uno.

MADRE. ¿Y te entiendes bien con él?

MANUELA. Murió.

La Madre se queda cortada.

MADRE. Ah. Lo siento.

Con la idea de la muerte, desconcertada, la Madre se va.

9 **descuide:** *descuide usted* (loc.): lassen Sie das nur meine Sorge sein.
17 **el/la extraterrestre:** Außerirdische(r).

103. TEATRO TÍVOLI. EL ESCENARIO DEL TEATRO. – INT. TARDE.

El escenario está vacío. Las cortinas rojas, bajadas hasta el suelo.
El público llena la mitad de la sala.
La Agrado sale y se coloca en el centro del escenario.
Toda la compañía la observa entre cajas con expectación. Mario es el más interesado.
Suspense, en ambas zonas. Algún murmullo de extrañeza entre el público.
Un gran cañón de luz atrapa a la Agrado en su círculo blanco, acorralándola contra el paredón rojo oscuro de las cortinas.
Las miradas de los espectadores se concentran en su figura y eso le provoca una sensación mareante, embriagadora.
Saluda al público, discreta, y convencional, o eso pretende.

AGRADO. Bona nit. Por causas ajenas a su voluntad, dos de las actrices que diariamente triunfan sobre este escenario, hoy no pueden estar aquí,

9 **el suspense:** Spannung.
el murmullo: Gemurmel.
11 **el cañón de luz:** Scheinwerfer.
aptrapar: einfangen.
12 **acorralar:** einpferchen; hier (fig.): festhalten.
el paredón: Wand.
15 **mareante:** Schwindel erregend.
15 f. **embriagador, -a:** berauschend.
17 f. **pretender algo:** etwas versuchen.
19 **bona nit** (cat.): guten Abend.
ajeno/a: fremd, nicht zugehörig.

¡Pobrecillas! Así que se suspende la función. A los que quieran se les devolverá el dinero de la entrada. Pero los que no tengáis nada mejor que hacer, pa una vez que venís al teatro es una pena que os vayáis. Si os quedáis yo prometo entreteneros contándoos la historia de mi vida.

Los actores intercambian miradas. Aquello no estaba previsto.
Diez o doce personas se levantan en dirección a la puerta de salida …

AGRADO *(les despide).* Adiós, lo siento … *(Al público que permanece en la sala.)* Si les aburro hagan como

1 **¡pobrecillas!:** die Ärmsten! (*el pobrecillo / la pobrecilla*, dim.: *el/la pobre*).
7 f. **estar previsto:** vorgesehen sein.

que roncan. Así *(imita el sonido de un ronquido, un poco exagerado)*. Yo me cosco enseguida ... Y para nada herís mi sensibilidad, ¿eh? De verdad ...

El público empieza a divertirse.
Agrado se crece y se lanza.

AGRADO. Me llaman La Agrado porque toda mi vida sólo he pretendido hacerle la vida agradable a los demás. Alguno de vosotros ya me conoce. *(Mira y reconoce alguno de los espectadores.)* Yo hacía la carrera en los puentes, cerca del cementerio, pero la edad – que no tengo – y un palizón que me pegó un cliente me han convertido en una mujer decente ... Además de agradable, soy muy auténtica. *(Risas a discreción.)* ¡Míren qué cuerpo! Reparen. ¡Todo hecho a medida!

Se palpa las zonas de su anatomía más afectadas por la cirugía, en especial las superiores, las tiene más a mano. Adopta una postura ejemplar, y especifica:

AGRADO. Rasgado de ojos, ochenta mil. Nariz, doscientas, tiradas a la basura porque un año después

1 **roncar:** schnarchen.
el ronquido: Schnarchlaut.
3 **herir la sensibilidad de alg.:** jds. Gefühle verletzen.
5 **crecerse:** über sich selbst hinauswachsen.
lanzarse: sich trauen.
11 **el palizón:** Tracht Prügel.
14 **reparar:** hier: Acht geben.
15 **todo hecho/a a medida:** alles Maßarbeit (*la medida:* Messung, Maß).
16 **palpar:** berühren, abtasten.
19 **el rasgado de ojos:** Lidplastik (Anheben des Augenwinkels, um eine Mandelform zu erreichen; *los ojos rasgados:* Schlitzaugen, mandelförmige Augen).

me la pusieron así de otro palizón. Ya sé que me da mucha personalidad, pero si llego a saberlo no me la toco … Continúo: Tetas, dos. Setenta cada una, pero éstas las tengo ya superamortizadas. Silicona en labio, frente, pómulo, cadera y culo. El litro cuesta cien mil, así que echad la cuenta porque yo ya la he perdido. Limadura de mandíbula, setenta y cinco mil. Depilación definitiva con láser, porque la mujer «también» viene del mono, tanto o más que el hombre, sesenta mil por sesión. Depende de lo barbuda que seas, lo normal es de dos a cuatro sesiones, pero si eres folclórica necesitas más, claro.

El público se divierte de lo lindo.

AGRADO. Lo que les estaba diciendo, ¡cuesta mucho ser auténtica! Pero no hay que ser tacaña, con nuestra apariencia. Una es más auténtica cuando más se parece a lo que ha soñado de sí misma …

El público libera el primer aplauso cerrado. Agrado cree desmayarse. Entre cajas, Mario respira tranquilo y orgulloso.

2f. **si llego a saberlo no me la toco:** wenn ich das gewusst hätte, hätte ich's nicht machen lassen.
4 **las tengo superamortizadas:** etwa: die haben sich voll rentiert (*amortizar:* abbezahlen).
5 **el pómulo:** Backenknochen.
7 **la limadura de mandíbula:** Kieferkorrektur (*limar:* feilen).
8 **la depilación:** Haarentfernung.
11 **barbudo/a:** bärtig.
12 **folclórico/a:** folkloristisch; hier (fig.): ursprünglich (sich auf eine starke Körperbehaarung beziehend).
13 **divertirse de lo lindo:** sich köstlich amüsieren.
15 **tacaño/a:** geizig.
19 **desmayarse:** in Ohnmacht fallen.

104. FACHADA CASA DE MANUELA. – EXT. DÍA.

Un taxi espera en la puerta. Manuela transporta a Rosa en una silla de ruedas. El Conductor del taxi, le ayuda con las bolsas y una maletita. Llevan todo lo necesario para la ocasión. Ropa para ella y para el niño, distribuida en dos bolsas distintas. Manuela la ayuda a subir al taxi.

105. BARCELONA. TAXI 2. – EXT. DÍA.

En marcha,
Manuela le da la dirección al conductor.

MANUELA. Al Hospital del Mar, por favor.

La Hermana Rosa corrige:

HERMANA ROSA. ¿Podría pasar antes por la Plaza de Medinaceli▸?

Manuela se la queda mirando. Sabe que la plaza está muy cerca de donde viven los padres de Rosa.

MANUELA. ¿Pero no habíamos quedado con tu madre en el hospital?

HERMANA ROSA. Sí. Sólo quiero ver la plaza, de pasada.

MANUELA. Bueno *(al taxista)*, a la Plaza de Medinaceli.

106. BARCELONA. PLAZA MEDINACELI. – EXT. DÍA.

El taxi entra por una de las calles que da a la plaza. Sin bajarse del vehículo la monja contempla emocionada la fuente, las palmeras, los bancos. Con la misma emoción que Rosa mira la plaza, Manuela la mira a ella.

HERMANA ROSA. Aquí jugaba yo de niña …

Y con ojos de niña la contempla. Le pide al taxista que se detenga un momento.

107. BARCELONA. PLAZA POPULAR. – EXT. DÍA.

Por una esquina ve aparecer a Sapic, el Perro de su Padre, un pastor alemán, de pelo largo negro y canela. Enorme y adorable. El animal se detiene un momento y mira hacia atrás, controlando. Espera. Enseguida aparece el Padre de Rosa, un hombre de 80 años, que debió ser una bomba en su juventud. Todavía conserva un aspecto imponente, pero sus ojos denotan que vive en otro mundo.
Una vez convencido de que el viejo le sigue, el Perro se pone en movimiento. Es un verdadero espectáculo verlos juntos.

13 **el pastor alemán:** deutscher Schäferhund.
canela: zimtfarben.
14 **adorable:** lieb, liebenswert.
17 **ser una bomba** (fig.): ein toller Hecht sein.
18 **el aspecto imponente:** beeindruckendes Äußeres.
denotar: zeigen, verraten.

Rosa abre la puerta, silba y grita:

HERMANA ROSA. ¡Sapic!

El perro vuelve la cabeza, reconoce el silbido y la voz y sale corriendo hacia el taxi.

El Padre se les queda mirando. Lentamente se reúne con el grupo.

Mientras tanto, Rosa juega con el perro, el animal amenaza con desbordar el interior del taxi. Ahora le abraza y Sapic le da lametazos en la cara.

El Padre la mira, sin reconocerla pero orgulloso de la facilidad con que el animal entabla nuevas relaciones:

1 **silbar:** pfeifen (dazu: *el silbido:* Pfiff).
9 **dar lametazos:** abschlecken (*lamer:* [ab]lecken).
11 **entablar relaciones:** Beziehungen knüpfen (*entablar:* aufnehmen, einleiten).

PADRE. No extraña a nadie. *(A Rosa.)* ¿Tiene usted perro?

HERMANA ROSA. No ... pero me gustan mucho.

PADRE. ¿Qué edad tiene usted?

HERMANA ROSA. Veintiséis años.

PADRE. ¿Y cuánto mide?

HERMANA ROSA *(sonríe, feliz de poder llevarle la corriente)*. No mucho. Uno sesenta y ocho.

El padre considera la información con un gesto de cabeza. Manuela contempla la escena en un silencio reverencial.
La Hermana Rosa se despide del perro con un último y fuerte abrazo.

HERMANA ROSA *(al perro)*. ¡Ale, vuelve con papá! Y cuida de él. ¡Adios papá!

El perro deja a la Hermana Rosa y se reúne con el Padre. Prácticamente es el perro el que tira del viejo. Padre y Perro caminan por la acera, y desaparecen por una esquina. Las dos mujeres les contemplan, tratando de contener su emoción.

108-A. HOSPITAL DEL MAR. HABITACIÓN ROSA. – INT. DÍA.

La Hermana Rosa yace acostada en una habitación del Hospital del Mar. Su Madre está sentada cerca de

1 **extrañar:** Wortspiel mit den Bedeutungen ‚vermissen' und ‚fremdeln', da der Hund Rosa ja sofort erkennt.
11 **reverencial:** würdevoll.
14 **¡ale!:** auf!, hopp!

la cama, y Manuela de pie. Por una amplia ventana se ve el mar. Es la primera vez que Rosa y su madre están relajadas juntas.

MADRE. Tengo que mandar los chagales a una subasta en Londres. Lástima que no puedan subastar los picassos, ¡con lo bien que me salen! ... pero Paloma está rebotada y no hay modo. Espero que algún día tú puedas venderlos.

La monja sonríe.

MADRE. ¿No tienes dolores?
HERMANA ROSA. No.
MADRE. ¡Qué bien! Parir sin dolor ... *(A Manuela.)* ¿Cuándo ha dicho el médico que entrará en el quirófano?
MANUELA. Dentro de hora y media.
MADRE. Entonces me da tiempo de darle una vuelta a tu padre, y volver.
HERMANA ROSA. No hace falta que vengas, mamá.
MADRE. Quiero estar aquí, contigo.

Madre e hija se besan.

HERMANA ROSA. Dale un beso a papá.
MADRE. Éste me lo quedo yo.
Rosa le da un segundo beso.
La Madre sale de la habitación, después de despedirse de Manuela.

Por corte.

4 **la subasta:** Versteigerung.
6f. **Paloma está rebotada:** Paloma (Picasso, die Erbin) ist verärgert (*rebotar:* abprallen; fam.: verprellen).

108-B. HOSPITAL DEL MAR. HABITACIÓN ROSA. – INT. DÍA.

La Hermana Rosa desprende una paz interior contagiosa.
La cama del hospital, sobre la que yace, parece haber terminado con la desorientación que hasta ese momento ha dominado su vida.
Manuela ocupa ahora el lugar donde antes estuvo sentada la Madre.
HERMANA ROSA. Espero que el tercer Esteban sea para ti el definitivo.
MANUELA *(levemente sorprendida).* ¿El tercer Esteban?
HERMANA ROSA. Lola fue el primero. Y tu hijo el segundo.

Pausa.

MANUELA. O sea, que sabías que Lola fue también el padre de mi hijo …
HERMANA ROSA. Claro. No hay que ser muy lista.
MANUELA. Lola no sabe que tuvimos un hijo. Nunca se lo dije.
HERMANA ROSA. ¿Y tu hijo, lo sabía?
MANUELA. Mi hijo tampoco … *(se quiebra).*

Nueva pausa.

3 **desprender:** ausstrahlen.
3 f. **contagioso/a:** ansteckend.
11 **definitivo/a:** endgültig.
12 **levemente** (adv.): leicht.
23 **quebrar:** zerbrechen; hier (fig.): mit gebrochener Stimme sprechen.

MANUELA. Pero no hablemos de cosas tristes … Hoy es un gran día. ¡Han metido en la cárcel a Videla▸, y es el día en que va a nacer tu hijo!

HERMANA ROSA *(pensativa)*. Manuela, prométeme una cosa.

MANUELA. ¡Dime! …

HERMANA ROSA. Si pasara algo …

MANUELA. ¡¿Qué va a pasar?!

HERMANA ROSA. Prométeme que no le ocultarás nada al niño.

MANUELA. No tengo que prometerte nada, porque vas a poder decirle todo lo que quieras tú misma.

HERMANA ROSA. ¡Prométemelo!

MANUELA. Si te quedas más tranquila …

HERMANA ROSA. Sí.

MANUELA. Bueno, te lo prometo.

Panorámica hacia el mar, los hierros de la barandilla de la terraza exterior forman casualmente una cruz.

109. BARCELONA. CEMENTERIO. – EXT. DÍA.

Entre cruces camina lentamente una figura femenina vestida totalmente de negro. Se apoya en un paraguas como si fuera un bastón.
Es la Muerte en persona. Agazapada, súbita, precisa,

17 **la panorámica** (cin.): Panoramaschwenk, Großaufnahme.
los hierros de la barandilla: die Eisengitterstäbe des Terrassengeländers.
22 **el bastón:** (Geh-)Stock.
23 **agazapado/a:** geduckt.
súbito/a: plötzlich, unerwartet.

imponente, hermosa y escuálida. En el rostro, de una palidez restañada por el maquillaje, lleva esculpida la historia de una trayectoria excepcional. Unas grandes gafas negras le ocultan la mitad.

El cementerio mira al mar, está construido con calles de piedra, en una colina frente al mar. Piedras, buganvillas y mar, como destino final.

A unos 200 metros se lleva a cabo el entierro de la Hermana Rosa. Un cura lee una oración por el alma de la peculiar religiosa.

En el último adiós se mezclan lumpen y monjas, a partes iguales, unidos como las dos caras de una misma moneda: la Hermana Rosa.

Por un lado, Manuela transida, se apoya en Agrado y Huma.

Por el otro, la Madre de Rosa comparte el duelo con algún familiar allegado. La Madre también está hecha polvo.

Casualmente, Manuela descubre la figura soberbia y enlutada que aparece en la parte superior de una larga escalera de piedra. Sin decir nada abandona el grupo y va en dirección a la base de la escalera de piedra. La Madre no se da cuenta. El Cura continúa la oración. Pero Agrado sí reconoce a la figura enlutada. Es Lola.

1 **escuálido/a:** abgemagert, dürr.
2 **restañado/a:** anhaltend, übrig.
esculpido/a: eingemeißelt.
6f. **la buganvilla:** Bougainvillea.
11 **el lumpen:** Pöbel.
14 **transido/a:** erstarrt; hier: erschöpft.
17 **allegado/a:** nahe stehend.
20 **enlutado/a:** in Trauerkleidung, in Schwarz (*el luto:* Trauer).

110. CEMENTERIO. – EXT. DÍA.

La imagen de Lola bajando lentamente la escalera de piedra, apoyada en el paraguas, resulta sobrecogedora. Sumándole los tacones y el tocado, la Gran Viuda▸, alcanza casi dos metros de altura.
Manuela llega a la base de la escalera, la mira con el respeto, el odio, la rabia y la impotencia con que miraría a su propia muerte.
A Lola, sin embargo, se la ve emocionada.

LOLA. ¡Manuela ... Qué alegría verte! ¡Lástima que sea aquí!

La voz de Lola suena grave, débil, tierna, sincera y sin afectación, aunque hable en femenino. Tiene un ligero acento argentino.

MANUELA. No podía ser en otro sitio ...

Lola la mira sin entenderla. Entiende su rencor, pero no el significado de sus palabras.

MANUELA *(sentencia)*: No eres un ser humano, Lola. ¡Eres una epidemia!

Lola no puede tenerse en pie, lentamente y apoyándose en el paraguas se sienta sobre un escalón, el primero de una especie de descansillo. Quiere terminar con la sesión de reproches cuanto antes, no tiene tiempo, y le urge ir a lo esencial.

4 **el tocado:** Haaraufsatz, Frisur.
12f. **sin afectación:** ungekünstelt (*la afectación:* Geziertheit, Affektiertheit).
16 **el rencor:** Groll.
18 **sentenciar:** feststellen.

LOLA. ¡Siempre fui excesiva! ¡Demasiado alta, demasiado guapa, demasiado hombre, demasiado mujer! Nunca tuve medida y estoy muy cansada, Manuela … *(cansada de sí misma y de sus excesos)*. Me estoy muriendo.

Varias moscas reaccionan a la información posándosele en la cara, como buitres prematuros.
Para Manuela Lola no está muriéndose: es la muerte. Manuela ha llorado tanto antes de llegar al cementerio que tiene la cara hinchada y descolorida. Lleva gafas negras que a veces se quita para secarse los ojos.

LOLA. Pero estoy bien … Ven.

La llama para que se acerque. Manuela sube algunos escalones, acorta la distancia que hay entre las dos. Lola debe esforzarse para hablar.

LOLA *(explica)*. Estoy despidiéndome de todo … Le robé a La Agrado para pagarme el viaje a Argentina. Quería volver a ver el pueblo, el río, nuestra calle …

Manuela continúa en silencio. Demasiados sentimientos aferrados a su garganta.

LOLA. Me alegra poder despedirme también de ti. Ya sólo me queda conocer al hijo de la Hermana Rosa. A mi hijo.

1 **ser excesivo/a:** übertreiben.
6f. **posarse a algo:** sich setzen auf.
7 **el buitre:** Geier.
prematuro/a: vorzeitig, verfrüht.
21 **aferrado/a:** hier: unterdrückt, zurückgehalten.

Manuela la mira torva, en silencio.

LOLA *(ilusionada)*. Siempre soñé tener un hijo … Tú lo sabes.

MANUELA. Sí, lo sé. Cuando me fui de Barcelona iba embarazada de ti …

LOLA. ¿Qué?

MANUELA. Sí.

LOLA *(ansiosa)*: Y … ¿lo tuviste?

Es una pregunta, una orden y un ruego.

MANUELA. Sí … un niño precioso.

Manuela no puede contener los sollozos.

LOLA *(ruega)*. ¡Quiero verle! *(Busca con la mirada.)* ¿Lo has traído contigo?

MANUELA *(rígida)*. No. Está en Madrid, pero no puedes verle.

LOLA *(suplica)*. Aunque sea de lejos, Manuela, te prometo que él ni siquiera me verá. Es lo último que te pido …

MANUELA. No puedes verle.

LOLA. ¡Manuela, por favor!

MANUELA. Hace seis meses le atropelló un coche y le mató.

Lola susurra un débil no, casi inaudible.

MANUELA. Vine a Barcelona sólo para decírtelo. Lo siento.

1 **torvo/a:** finster.
14 **rígido/a:** hart, streng.
23 **susurrar:** flüstern.
inaudible: unhörbar.

Lola no puede con el peso de tanta muerte, la noticia la hace envejecer súbitamente cien años. Manuela ya no siente odio por Lola, sino una pena enorme. Baja los escalones y se reúne con el resto de la comitiva. Lola, sola en la escalera de piedra, se enjuga las lágrimas con sus manos descomunales.

111. CASA PADRES HERMANA ROSA. – INT. DÍA.

Manuela y la Madre suben las escaleras de la casa. Abre Manuela y cede el paso a la Madre. En el hall oyen llorar al niño.
Aparece el Padre, impaciente, con el perro al lado.

MANUELA *(alarmada)*. ¡El niño!

Desaparece por el pasillo-pinacoteca.

PADRE *(reprocha)*. ¿De dónde vienes a estas horas?

La Madre le mira agotada y transida.

MADRE. ¿No has sacado todavía a Sapic?

La Madre acaricia el lomo del perro.

PADRE. Como no estabas.
MADRE. Pues ya estoy aquí.

Es enternecedor el modo en que esta dura mujer asume sin límites serlo «todo» para el viejo demente. Vivir pendiente de él.

2 **envejecer:** alt (älter) werden.
4 **la comitiva:** Gefolge; hier: Trauerzug.
13 **el pasillo-pinacoteca:** etwa: Bildergang.
17 **el lomo:** Rücken.

112. CASA PADRES HERMANA ROSA. HABITACIÓN NIÑO. – INT. DÍA.

Un antiguo salón, cerca del estudio de la Madre, ha sido acondicionado como habitación de Manuela y el Niño. Hay una cama para Manuela y una cunita para el bebé.
Manuela entra asustada, Vicenta trata de calmar al crío, pero no se la ve muy experta.

MANUELA. Tiene hambre. Trae …

Vicenta le da al niño.

VICENTA. Le estoy calentando el biberón.
MANUELA. ¡Tráelo ya, por favor!

5 **la cunita** (dim.): *la cuna:* Wiege.
11 **el biberón:** Fläschchen.

El niño busca con la boca el pecho de Manuela. Entra la Madre, agotada, pero resuelta.

MADRE. Vicenta, ocúpate del señor. ¡No le dejes entrar aquí, por favor!

Vicenta se queja mientras se va.

VICENTA. ¡Está imposible! ¡Qué perra tiene con que el niño es de Vd!

Vicenta se va.

MADRE *(a Vicenta)*. Ya lo sé. *(A Manuela.)* Es muy celoso. He tenido que decirle que el niño es tuyo.

Manuela la mira sorprendida …

MANUELA. ¡Ojalá fuera mío! …

MADRE. No me atrevo a decirle la verdad. Tampoco lo entendería.

El Padre asoma la cabeza por la puerta que da al pasillo, a su lado va el inseparable perro.

PADRE. Rosa, ¿quién es esta mujer?

MADRE. Es Manuela, la nueva cocinera. Lleva cuatro días con nosotros, y se va a quedar en esta habitación, con su hijo, ya te lo he dicho …

PADRE *(a Manuela)*. ¿Cuántos años tiene?

MANUELA. Treinta y ocho …

PADRE. ¿Y cuánto mide?

MANUELA *(sonríe)*. Un metro sesenta y ocho …

A Manuela le emociona que le haga las mismas preguntas que a su hija Rosa, en el parque.

2 **resuelto/a:** entschlossen.
16 **inseparable:** unzertrennlich.

La Madre anima al perro a que saque al padre.

MADRE. Vamos, Sapic. Saca a papá … a dar un paseo …

Padre y perro desaparecen. Se cruzan con Vicenta. La criada le da el biberón a la abuela, y ésta se lo ofrece a Manuela. Manuela prueba la temperatura del biberón echándose una gota en la mano.
El niño llora impaciente. Una vez se agarra a la tetilla del biberón se calma de inmediato.
La Madre comprueba la habilidad y la ternura natural de Manuela.

MADRE *(como si se le hubiera olvidado algo)*. Ah, Manuela.
MANUELA *(sin dejar de mirar al bebé)*. ¿Sí?
MADRE. No le digas a nadie lo de los anticuerpos.

Manuela la fulmina con la mirada, pero la Madre resiste intacta sin desviar la suya. La casa es su territorio, y eso le da confianza.

MADRE. ¿Lo saben las monjas?
MANUELA. No.

La Madre se va y deja a Manuela sola con el pequeño Esteban. No soporta los prejuicios de la Madre.

4 **la criada:** Dienstmädchen.
7 **la tetilla:** Sauger.
9 **comprobar:** feststellen, bestätigen.
15 f. **ella resiste intacta sin desviar la suya:** etwa: sie widersteht ihrem Blick, ohne die Augen zu senken.

113. PLAZA MEDINACELI. – EXT. DÍA.

Un mes después.

Manuela baja de un taxi en la Plaza de Medinaceli, la misma plaza donde Rosa se despidió de su padre y de Sapic antes de ingresar en el hospital. Lleva al bebé en brazos y viene del hospital.
Entra en un bar de la plaza.

114. BARCELONA. BAR. – INT. DÍA.

Lola espera al fondo, en un rincón oscuro, envuelta en el humo de un cigarrillo y leyendo una revista deportiva. Bebe una botellita de agua mineral. Y viste un sencillo twinset que le acentúa el pecho y la cintura. Lleva el pelo largo recogido. Parece haber mejorado con respecto a la escena del cementerio.
Manuela y Lola se miran durante un momento. El niño les distrae enseguida.
Lola apaga rápidamente el cigarrillo. Y dice muchas veces «Oh» mirando al bebé. Manuela se lo ofrece. La operación traslado de unos brazos a otros es lenta y delicada.
Se sientan. Lola tiene en los brazos al pequeño, dormido.

LOLA. ¿Qué te ha dicho el médico?

El niño tiene muy buen aspecto. No hay la menor tensión entre Lola y Manuela.

12 **el twinset** (ingl.): Twinset, fein gestrickter, eng anliegender Pullover mit passender Strickjacke.
16 **distraer:** ablenken, beschäftigen.

MANUELA. Que está muy bien. El niño hace su peso cada semana, está normal … ya lo ves.

A Lola se le cae la baba.

LOLA. ¿Puedo darle un beso?

MANUELA. Claro, mujer.

Lola le da con mucho cuidado un beso en la frente. Y le susurra:

LOLA. Hijo mío, ¡qué herencia tan mala te dejo!

Lola lo dice de corazón. Probablemente sea el único momento en su vida en que Lola se arrepiente de algo.

MANUELA *(fanática)*. Lo importante es que el niño está bien. ¡No tiene por qué desarrollar la enfermedad!

En el momento del beso, la abuela pasa por la acera del bar, con el perro. Descubre a Manuela junto a aquel extraño ser. No le afectaría tanto si no fuera porque tiene a su nieto con ella. A Lola no se la distingue bien en la oscuridad.
Manuela saca del bolso el portafotos con la foto de su propio hijo. El hijo de ambos. Se la ofrece a Lola, antes le recoge al bebé. El niño ya se ha despertado y lo mira todo con ojos desorbitados.

3 **caérsele la baba a alg.:** hin und weg sein, vernarrt sein (*la baba:* Sabber).
8 **la herencia:** Erbe, Vermächtnis.
16 **el ser:** Wesen.
afectarle a alg.: jdn. berühren, treffen.
17 **el nieto / la nieta:** Enkel(in).
19 **el portafotos:** Fotorahmen, Bilderrahmen.
22 **mirar con ojos desorbitados:** mit Riesenaugen schauen.

MANUELA. Este es el otro Esteban.

Lola contempla la foto con la misma emoción que si tuviera delante a su hijo.

LOLA. ¿Le pusiste también Esteban?
MANUELA. Sí.
LOLA. Gracias.

Manuela saca del bolso el sucio cuaderno de notas de Esteban, espera que Lola se haya saciado de ver la foto para ofrecerle el cuaderno.

MANUELA. Es su cuaderno de notas. Lo llevaba siempre consigo. Quería ser escritor ...

Lola deja la foto en la mesa y coge el cuaderno. Lo mira y lo toca como si fuera algo vivo. Lo abre en las últimas páginas.

MANUELA *(le señala con el dedo, en la mitad de una página)*. Esto lo escribió la mañana antes de morir. Lee ...
LOLA *(lee)*. «... anoche mamá me enseñó una foto ... le faltaba la mitad. No quise decírselo, pero a mi vida le falta ese mismo trozo ...»

Lola mira emocionada a Manuela. También ella está emocionada. La pareja sintoniza por primera vez en muchos años.

MANUELA. Sigue leyendo ...

8 **saciarse:** genug haben.
22 **sintonizar:** übereinstimmen; hier: sich verstehen, auf gleicher Wellenlänge sein.

LOLA. «Esta mañana he revuelto en sus cajones y he descubierto un fajo de fotos ... a todas les falta un trozo, mi padre supongo. Quiero conocerle. Tengo que hacerle comprender a mamá que no me importa quién sea, ni cómo sea, ni cómo se portó con ella. No puede quitarme ese derecho.»

Manuela la interrumpe.
Lola guarda silencio. Vuelve a mirar la foto.
Las dos guardan silencio.

MANUELA. Quédate tú con la foto ... yo me quedo con el cuaderno.

De este modo el matrimonio divide sus bienes. Lola se acerca el portafotos al pecho, y lo aprieta contra su corazón.

115. CASA PADRES HERMANA ROSA. – INT. DÍA.

Manuela entra en la casa con el niño. Esteban tiene una mancha de carmín en la frente. Recuerdo de su padre. La Abuela recibe a la pareja con cara de cardo.

MADRE *(le limpia el rouge de la frente)*. ¿Quién era esa mujer con la que estabas en el bar? ¡No me gusta que cualquiera bese a mi nieto!
MANUELA. Esa mujer es su padre.
MADRE *(asustada)*: ¿Qué estás insinuando?

2 **el fajo:** Bündel.
12 **el bien:** Gut, Habe.
17 **carmín:** karminrot.
18 **la cara de cardo** (fig.): finstere Miene (*el cardo:* Distel).
23 **insinuar:** andeuten.

Manuela le dice lo que nunca le confesó a su propio hijo, y tanto lamenta.

MANUELA. Es su padre, y está muy enfermo.

La Madre está horrorizada.

MADRE. ¡Ese monstruo es el que ha matado a mi hija!

Manuela se retira a su cuarto, para dejar a la Madre sola con su dolor.

MANUELA. No piense ahora en eso, Rosa.

116. BARCELONA. TEATRO 2. ESCENARIO. – INT. DÍA.

Ensayo en un teatro desocupado,

Huma ensaya «Haciendo Lorca»‣ *según la versión de Lluís Pascual. El director, sobre el escenario, vigila a la actriz, y a veces le da indicaciones. Para el ensayo Huma se ha recogido el pelo con horquillas, y ha improvisado un vestuario de gitana con ropa usada. De nuevo, desborda el escenario. Oyéndola, da la impresión de que Lorca escribió el texto pensando en ella.*

HUMA. Hay gente que piensa que los hijos son cosa de un día. Pero se tarda mucho. Mucho. Por eso es tan terrible ver la sangre de un hijo derramada por el suelo …

15 **la horquilla:** Haarnadel.
16 **el gitano / la gitana:** Zigeuner(in).
21 **derramar:** vergießen.

El teatro está vacío. Abajo, en la platea, la ayudante del director toma notas, y Agrado vigila y admira a su señora.
Huma se arrodilla ante una artesa de madera. Coge un cubo de zinc y vierte un poco de agua dentro. En la artesa hay harina, Huma empieza a amasar, con movimientos seguros, lentos y acompasados al texto.

HUMA. Una fuente que corre durante un minuto y a nosotras nos ha costado años. Cuando yo descubrí a mi hijo, estaba tumbado en mitad de la calle. Me mojé las manos de sangre y me las lamí con la lengua. Porque era mía. Los animales los lamen, ¿verdad? A mí no me da asco de mi hijo. Tú no sabes lo que es eso. En una custodia de cristal y topacios pondría yo la tierra empapada por su sangre …

Al fondo del pasillo que divide la platea aparece un Mensajero-Joya con un gran ramo de flores. Agrado sale a su encuentro, supone que las flores son para Huma y tiene orden de que nadie interrumpa el ensayo.

AGRADO. ¡Fuera! ¡Fuera! …

1 **la platea:** Parkett.
4 **la artesa de madera:** Holztrog.
5 **el cubo de zinc:** Blecheimer.
verter: (ein)gießen.
6 **amasar:** kneten.
7 **acompasar:** anpassen, abstimmen (auf).
13 **el asco:** Ekel.
14 **la custodia:** Verwahrung; hier (rel.): Monstranz.
el topacio: Topas.
17 **el Mensajero-Joya:** Bote der Firma Joya (Blumengrüße).

117. TEATRO 2. HALL. – INT. DÍA.

Sale al hall del teatro con el Mensajero.

MENSAJERO. Hola, traigo un ramo para La Agrado y Huma Rojo.

Agrado le mira de arriba abajo y le aprueba cum laude.

AGRADO. ¿Ah, sí?
MENSAJERO. Sí. Fírmeme aquí, por favor.
AGRADO. ¿Estás seguro de que también son para La Agrado?

El Mensajero le da un bolígrafo y la orden de recibo.

MENSAJERO. Ahí lo pone.

Agrado firma el papel y recoge un enorme ramo de rosas rojas.

AGRADO. ¿Sabes por qué me llaman Agrado?

El Mensajero espera en silencio la respuesta.

AGRADO. Porque toda mi vida sólo he pretendido hacerle la vida agradable a los demás.
MENSAJERO. Vale.

Una vez escuchada la explicación se va. Agrado coge el sobre que viene prendido a las flores. En efecto pone «Para La Agrado y Huma Rojo». El sobre es un poco mayor que los de tamaño tarjeta. Dentro hay una cuartilla …

5 **cum laude** (lat.): mit Auszeichnung
10 **la orden de recibo:** Empfangsbestätigung.
23 **la cuartilla:** Kärtchen.

OFF-MANUELA. Queridas Agrado y Huma: Otra vez huyendo y sin despedirme, ¡con lo que te gustan las despedidas, Agrado! La situación con los padres de Rosa se ha vuelto insoportable. La Abuela teme que el niño la infecte sólo con arañarla. Me llevo a Esteban a un lugar donde no tenga que soportar tanta hostilidad. Agrado mía, tú sabes cómo te quiero. Cuídate mucho y cuida de Huma, siento no estar para el estreno, pero seguro que tendréis mucho éxito con el homenaje a Lorca. Ya os escribiré, pero de momento no es prudente que sepais más. Ah, rompe la carta. Vuestra Manuela.

Agrado termina de leer con lágrimas en los ojos. Rompe lentamente la carta en pedazos pequeños y los tira a uno de esos ceniceros en forma de tubo de medio metro de alto, habituales en grandes vestíbulos o aeropuertos.

118. VÍA DEL TREN. TÚNEL. – EXT. DÍA.

Letrero: Barcelona–Madrid.

De nuevo el tren, de Barcelona a Madrid, cruza el paisaje. Manuela va dentro, en uno de los compartimentos dándole de comer al niño.
El plano es idéntico al que mostraba a Manuela (en la secuencia 26) yendo sola a Barcelona. En esta ocasión el tren va en dirección contraria.
Entra y desaparece en el interior del túnel.

4 **insoportable:** unerträglich.
5 **arañar:** kratzen.
9 **el estreno:** Uraufführung, Erstaufführung.

119. CAMPO Y TREN. – EXT. DÍA.

El mismo tren vuelve a hacer el trayecto Madrid–Barcelona. Dentro va Manuela con el crío. Esteban tiene ya dos años y está precioso. Ella también ha mejorado. Va radiante. La voz de Manuela narra lo ocurrido en los dos últimos años.

OFF-MANUELA. Vuelvo a Barcelona, después de dos años, pero esta vez no vengo huyendo. Voy a un congreso sobre el sida organizado por Can Ruti‣. Mi Esteban ha negativizado el virus en un tiempo récord y quieren investigarlo. Estoy tan contenta …

120. TEATRO 2. FACHADA. – EXT. DÍA.

El cartel de «Haciendo Lorca» tiene encima una banda que indica el segundo año de éxito consecutivo. Debajo del título dice: «Homenaje a García Lorca, y a Esteban, un joven que murió a las puertas de un teatro, una noche de tormenta».

5 f. **radiante:** strahlend.
12 **negativizar:** eliminieren.
13 **investigar:** untersuchen.
16 f. **la banda:** hier: Streifen.

121. TEATRO 2. CAMERINO HUMA. – INT. TARDE.

Manuela llama a la puerta.

MANUELA. ¿Molesto?

Las tres mujeres no han cambiado mucho en los dos años transcurridos. Si acaso, están algo más jóvenes y los pelos de las tres son distintos.
Agrado está terminando de arreglar a Huma para la función.
Cuando ven a Manuela dan un grito las dos. Y salen a su encuentro, peleándose por cuál de las dos la abraza antes y con mayor efusión.

AGRADO. ¡Manuela! ¡Mi Manolita!
HUMA *(abriéndose paso)*. ¡Oye, que también es mía!

Se abrazan.

AGRADO *(continúa)*. ¡Mi Manolita!

Manuela pasa de una a otra.
Una vez sentadas. Y multiplicadas por los espejos.

HUMA. ¡Qué maravilla lo de tu niño! ¡O sea, que ha negativizado el virus, así, de la noche a la mañana!
MANUELA. Sí. El caso de Esteban demuestra que el virus puede desaparecer, todavía no se conocen las circunstancias, por eso le van a investigar en el Congreso de Can Ruti, pero es un milagro.
AGRADO *(llora)*. Lo sabía. ¡Lo que he podido rezar yo por ese niño!

11 **la efusión:** Herzlichkeit.
23 **el milagro:** Wunder.

HUMA. A propósito, ¿dónde lo has dejado? ¡Queremos verlo!

MANUELA. Está con los abuelos.

AGRADO. ¿Ya te hablas con ellos?

MANUELA. Claro. Voy a quedarme a vivir en su casa.

AGRADO. Creíamos que la madre de Rosa estaría mosqueada por lo del rapto.

MANUELA. No. La llamé nada más llegar a Madrid, hemos estado todo el tiempo en contacto … ha venido a verle, de vez en cuando.

Agrado y Huma sonríen. Se oye el último aviso. Cinco minutos.

Huma se levanta. Manuela ve la foto de Esteban junto a la de Nina.

MANUELA. ¡Tienes la foto de Esteban!

HUMA. Lola me la dio antes de morir. La tengo en depósito hasta que aparecieras tú.

MANUELA. ¡Quédatela!

HUMA. Gracias.

Se levanta.

MANUELA. ¿Y Nina?

Huma no responde.

AGRADO. Nina se casó. Vive en su pueblo. También tiene un niño, un niño gordo y feísimo, feísimo …

6f. **mosqueado/a** (fam.): sauer, beleidigt.
7 **el rapto:** Entführung, (Kindes-)Raub.
16f. **tener en depósito:** zur Aufbewahrung haben.
24 **feísimo/a:** abgrundhässlich.

HUMA *(en la puerta, se vuelve)*. Te veo después de la función …

Antes de salir le lanza a Manuela una sonrisa dolorida.

OFF-REGIDOR. ¡La función va a empezar!

122. BARCELONA. TEATRO 2. ESCENARIO. – INT. TARDE.

Los cortinones rojos rozan el suelo del escenario con sus flecos dorados.

Sobre los rojos pliegues aparece sobreimpresionada la dedicatoria:

«A Bette Davis, Gena Rowland, Romy Schneider … A todas las actrices que han hecho de actrices. A todas las mujeres que actúan. A los hombres que actúan y se convierten en mujeres. A todas las personas que quieren ser madres. A mi madre».

La cortina empieza a subir. El escenario está oscuro, como boca de lobo.

Del fondo de la oscuridad empiezan a aparecer los títulos de crédito. Las actrices, primero.

Madrid, agosto 1998

8 **el cortinón:** Theatervorhang.
9 **el fleco:** Franse.
10 **el pliege:** Falte.
17 f. **oscuro/a como boca del lobo** (fig.): etwa: rabenschwarz.
19 f. **los títulos de crédito** (cin.): Abspann.

Ficha artística

Manuela	Cecilia ROTH
Huma	Marisa PAREDES
Rosa	Penélope CRUZ
Nina	Candela PEÑA
Agrado	Antonia SAN JUAN
Madre de Rosa	Rosa María SARDÁ
Padre de Rosa	Fernando FERNÁN GÓMEZ
Actor	Fernando GUILLÉN
Lola	Toni CANTÓ
Esteban	Eloy AZORÍN
Mario	Carlos LOZANO

Ficha técnica

Guión y dirección	Pedro ALMODÓVAR
Productor ejecutivo	Agustín ALMODÓVAR
Directora de producción	Esther GARCÍA
Director de fotografía	Alfonso BEATO
Música	Alberto IGLESIAS
Montaje	José SALCEDO
Director artístico	Antxon GÓMEZ
Sonido	Miguel REJAS
Maquillaje	Juan Pedro HERNÁNDEZ
Peluquería	Jean-Jacques PUCHU
Vestuario	José María DE COSSIO Bina DAIGELER

Una producción
El Deseo S.A. / Renn Productions / France 2 Cinéma

Editorische Notiz

Der spanische Text folgt der Ausgabe: Pedro Almodóvar, *Todo sobre mi madre. Edición definitiva del guión de la película con algunas reflexiones, fotografías y textos del autor. Textos de Cecilia Roth, Marisa Paredes, Penélope Cruz, Candela Peña, Antonia San Juan y Rosa María Sardá. Prólogo de Guillermo Cabrera Infante*, Madrid: El Deseo Ediciones, 1999. Das Glossar enthält alle Wörter, die nicht in der Wortschatzsammlung *Thematischer Grund- und Aufbauwortschatz Spanisch* (Stuttgart: Klett, 2001) enthalten sind. Dabei wird der Grundwortschatz in der Regel als bekannt vorausgesetzt, Wörter, die zum Aufbauwortschatz zählen, sind im Zweifelsfall hier erklärt.

Im Glossar verwendete spanische Abkürzungen

adv.	adverbio (Adverb)
cat.	catalán (katalanisch)
cin.	cinematografía (Film)
dim.	diminutivo (Verkleinerungsform)
f.	femenino (weiblich)
fam.	lenguaje familiar (umgangssprachlich)
fig.	sentido figurativo (im übertragenen Sinn)
fr.	francés (Französisch)
inf.	infinitivo (Infinitiv)
ingl.	inglés (englisch; auch: Anglizismus)
interj.	interjección (Interjektion)
irón.	irónico (ironisch)
loc.	locución (Redewendung)
m.	masculino (männlich)
med.	medicína (Medizin)
mus.	musica (Musik)
pl.	plural (Plural)
rel.	religión (Religion)
tea.	teatro (Theater)
vulg.	lenguaje vulgar (vulgär)

Anmerkungen

6,12 *Ramón y Cajal:* Name eines bedeutenden Madrider Krankenhauses, benannt nach Santiago Ramón y Cajal (1852–1934, Nobelpreis für Medizin 1906).

8,18 *«All About Eve»:* deutscher Titel *Alles über Eva*, mit *Eva al desnudo* einerseits wortspielerisch, andererseits aber auch reißerisch ins Spanische übersetzt. Film von Joseph L. Mankiewicz (1950) mit Bette Davis, Anne Baxter und Marilyn Monroe um Lügen und Intrigen in der Welt des Theaters. Das Thema der alternden Diva und der jüngeren, erfolgreicheren Substitutin (Anne Baxter als Eve Harrington) wird in *Todo sobre mi madre* mit Huma Rojo als Blanche in *A Streetcar Named Desire* aufgegriffen.

9,9 *el premio Pulitzer:* der Pulitzer-Preis, eine der renommiertesten US-amerikanischen Auszeichnungen für 21 Gebiete des Journalismus, der Literatur und der Musik. Die gut dotierten Preise werden jeweils im April vom Rektor der Columbia University (NY) verliehen.

12,14 *Boris Vian:* eine der schillerndsten Figuren (1920–59) im Paris der Nachkriegszeit, Ingenieur, Schriftsteller, Jazztrompeter, Drehbuchautor, Schauspieler, Übersetzer, Chansonnier, Chronist der Existenzialistenszene in den Cafés und Jazzkellern von Saint-Germain.

12,18 *Liza Minnelli en «Cabaret»:* Liza Minnelli (geb. 1946), amerikanische Schauspielerin, wurde durch ihre Rolle als Sally Bowles in dem preisgekrönten Film *Cabaret* (1972) berühmt (Oscar als beste Schauspielerin).

13,19 *Música para camaleones: Music for Chameleons*, 1994 erschienene Kurzgeschichtensammlung des amerikanischen Schriftstellers Truman Capote (1924–84).

14,1 f. *«El harpa de hierba» y «Desayuno en Tiffanys»: The Grass Harp* und *Breakfast at Tiffany's*, als *Die Grasharfe* und *Frühstück bei Tiffany* übersetzte Romane von Truman Capote. In beiden Werken geht es um liebevoll-skurrile

Außenseiter der Gesellschaft, im ersten in den Südstaaten, im zweiten in New York.

19,17f. *Blanche Dubois:* weibliche Hauptfigur in *A Streetcar Named Desire* von Tennessee Williams. Blanche belügt sich selbst und ihre Umgebung; sie gibt sich als Südstaaten-Lady aus, ist aber in Wirklichkeit verarmt und steht ohne jede Perspektive vor den Scherben ihrer Existenz.

20,3f. *«Un tranvía llamado deseo»: A Streetcar Named Desire*, dt. *Endstation Sehnsucht*, Südstaatendrama von Tennessee Williams. Die Konfrontation zwischen der vergangenen Traumwelt der Blanche Dubois und ihrem groben Schwager Stan Kowalski endet für Blanche in der Zwangsjacke.

20,4 *Tennessee Williams:* Thomas Lanier »Tennessee« Williams (1911–83); seine zentralen Themen sind die selbstzerstörerische Nostalgie nach der Glanzzeit der amerikanischen Südstaaten, die Abwesenheit der Väter (Männer) und die daraus erwachsenden psychotischen Störungen.

20,13 *Anne Baxter:* amerikanische Schauspielerin (1923–85), Enkelin des Stararchitekten Frank Lloyd Wright; spielt die Schwindlerin in *All About Eve.*

23,7 *Bob Wilson:* Robert Wilson (geb. 1941), preisgekrönter amerikanischer Dramaturg und Regisseur, bekannt für experimentelle Zeit-Raum-Inszenierungen.

23,9f. *Kowalski:* Hauptfigur in *A Streetcar Named Desire*; Arbeiter, Nachfahre polnischer Einwanderer, roher Realist, der die weltfremde und gescheiterte Blanche in den Wahnsinn treibt.

30,15 *Alfonso XIII:* Straße in Madrid, nach dem spanischen König der Restauration (1874–1902) benannt.

31,9 *Cibeles:* Plaza de la Cibeles; nach einer griechischen Göttin benannter Platz im Zentrum Madrids.
Sol: Puerta del Sol, das Herz Madrids, zentraler Platz in der Altstadt.

35,6 *A Coruña:* galicische Provinzhauptstadt an der Costa da Morte; kastilisch: La Coruña.

39,9 *Barajas:* Großflughafen der spanischen Hauptstadt.

44,16 *Montjuic:* emblematischer Berg am Stadtrand von Barcelona, auf dem das Olympiastadion liegt, sowie viele Kultur- und Freizeitstätten.

45,4f. *La Sagrada Familia:* Wahrzeichen Barcelonas, von Antoni Gaudí (1852–1926) entworfene Kathedrale.

53,20f. *Palau, de Muntaner:* El Palau de la Musica Catalana, berühmter Konzertsaal des katalanischen Jugendstils (Modernismo) in der Calle Sant Pere Més Alt; zwischen 1905 und 1908 von Lluís Domènech i Muntaner (1850–1923) erbaut.

54,7 *la Barceloneta:* weit ausgedehnte Hafenmole Barcelonas mit kleinen Bars und einem großen Restaurant mit Blick auf Hafen und Meer.

55,15f. *una talla de la Virgen del Pino:* eine geschnitzte Madonna del Pino; Agrado ist Kanarierin, was im Film durch ihren kanarischen Akzent (zwischen Andalusien und Südamerika angesiedelt) und durch ihre Verehrung der Schutzpatronin der Kanaren zum Ausdruck kommt.

57,17f. *el hombre elefante:* der Elefantenmensch; John Merrick (1859–1919), ein monströs deformierter Engländer, der als Freak ausgestellt wurde (auch Film von David Lynch: *The Elephant Man*, 1980).

59,17 *Chanel:* nach der französischen Modedesignerin Coco Chanel (1883–1971) benanntes Unternehmen für exklusive und teure Parfums und Damenmode.

64,11 *Pitanguí:* Ivo Pitanguy, weltweit bekannter brasilianischer Schönheitschirurg.

64,25 *El Salvador:* zentralamerikanisches Land, in den 80-er und 90-er Jahren des 20. Jahrhunderts von Bürgerkriegen und Revolutionen geschüttelt. Spanische Hilfsorganisationen und vor allem Ordensleute setzten sich sehr für die Entwicklung des Landes ein.

70,10 *Minnelli:* Mit der Beschreibung »una mezcla de Minnelli y el modernismo catalán más caprichoso« verdeutlicht Almodóvar hier zwei Stile, die nicht wirklich zusammenpassen: einerseits der klassische Hollywood-Stil der 50-er Jahre des Vincente Minnelli (1903–86, seine berühmtesten Filme sind *Ein Amerikaner in Paris* und *Gigi*; er war mit Judy Garland verheiratet und Vater von Liza Minnelli), also visuelle Raffinesse und edle Dekors versus katalanischer Modernismus des frühen 20. Jahrhunderts, ein Naturformen und kräftigen Farben verpflichteter Jugendstil, dessen Hauptvertreter Antoni Gaudí weltberühmt wurde.

75,1 f. *el Teatro Tívoli:* sehr zentral gelegenes und traditionsreiches Theater Barcelonas, in welchem auch Konzerte und Tanzveranstaltungen ersten Ranges geboten werden.

75,17 *La Habana:* Hauptstadt Cubas, die teilweise sehr zerfallen wirkt, aber doch gelassen und vor allem fröhlich zerfällt.

80,9 f. *Bellas Artes:* Madrider Theater in der Calle de Casa Riera 2 mit ca. 450 Sitzplätzen, wo die Szenen rund um Estebans Unfalltod stattfinden.

80,20 *Eva Harrington:* Eve Harrington in *All About Eve* (s. Anm. zu 8,18).

87,1 *la capa de Sybilla:* Cape, Umhang von der Madrider Modedesignerin Sybilla.

87,3 *Gena Rowland, en «Opening Night»:* Film von John Cassavetes (1977), der das Thema »Schauspieler stellen Schauspieler dar« variiert. Gena Rowlands spielt die Schauspielerin, deren Hauptproblem darin besteht, dass ihre Rolle sich mit ihrer Realität weitgehend überschneidet. Almodóvar widmet *Todo sobre mi madre* in allererster Linie ihr zusammen mit Bette Davis und Romy Schneider.

88,1 *Bette Davis:* Als »First Lady of the Screen« bekannte amerikanische Filmschauspielerin (1908–89), die sich in einer männerdominierten Welt durchsetzte und zu den bestbezahlten Frauen Amerikas zählte. Zigaretten und markige Sprüche waren ihr Markenzeichen: »If you want a thing well done, get a couple of old broads to do it.«

88,13 *el Arco de Triunfo:* 1888 zur Weltausstellung erbauter Triumphbogen auf dem Passeig Lluís Companys.

89,1 f. *Plaza Real y Ramblas:* Die Plaza Real gilt als Drogenumschlagplatz und Dealertreff Barcelonas. Auf den daran vorbeiführenden Ramblas strömen täglich zehntausende

Menschen vorbei und auch hier wird mit allen möglichen Waren gehandelt.

94,19f. *Hospital del Mar:* zentral am Strand zwischen den zwei Torres Olímpicos gelegene Universitätsklinik (Passeig Maritim, 25).

96,4 *John Galliano:* Modedesigner bei Dior.

97,8 *Cal Pinxo:* berühmtes Restaurant in Barcelona.

106,6 *Brando:* Marlon Brando, amerikanischer Schauspieler (1924–2004), wurde durch die Rolle des Stanley Kowalski berühmt.

108,9 *Huntleigh:* In *A Streetcar Named Desire* Blanches erfundener *gentleman caller*, eine in Tennessee Williams' Dramen aussterbende Figur des Südstaatengentleman, der, nobel und solvent, liebliche Damen aus der meist materiellen und seelischen Not rettet.

129,14 *«Cómo casarse con un millonario»:* Agrado spielt auf den Film *Wie angelt man sich einen Millionär?* (1953) von Jean Negulesco an, in dem drei New Yorker Models ein edles Penthouse in Manhattan für ein Jahr anmieten, um sich einen millionenschweren Vertreter der Spezies Mann zu angeln. Bei den »tres chicas solas« handelt es sich in Negulescos Komödie um sehr markante Charactere: Lauren Bacall als kantige, aber schlaue Strategin, sowie die kurzsichtige Marilyn Monroe und die etwas dümmliche Betty Grable. Parallelen zwischen den Hauptdarstellerinnen würde sich Almodóvar sicher verbieten, müssten sie doch an den Haaren herbeigezogen werden. Interessantes Detail: *How to Marry a Millionaire* war der erste Film im üppigen Cinemascope-Breitwand-Format. Also eine weitere Verbeugung Almodóvars vor Hollywood. Die wenigen Möbel ergeben sich aus der Übergangssituation in beiden Wohnungen: die weniger betuchten Models in New York, Manuela, die sich auch nur vorübergehend in Barcelona aufhält.

132,9 *Prada:* Agatha Ruiz de la Prada, Madrider Modedesignerin. Farbenfrohe, verspielte Muster und Entwürfe prägen ihre Mode.

138,23 *Thelma Ritter:* amerikanische Schauspielerin (1904–1969); spielt die Rolle der Birdie Coonan in *All About Eve.*

155,13f. *la Plaza de Medinaceli:* an den Ramblas gelegener Platz Barcelonas, der Rosa an ihre fröhlichere Kindheit erinnert.

161,2 *Videla:* Jorge Rafael Videla, führender Militär während der Militärdiktatur in Argentinien (1976–83). Videla wurde am 9. Juni 1998 durch den Richter Roberto Marquevich hinter Gitter gebracht.

163,4 *la Gran Viuda:* möglicherweise Bezug auf ein Theaterstück Lope de Vegas (*La Prueba de los Amigos*, 1604), in dem die als Mann verkleidete Leonarda die Nacht als große Witwe der Sonne beschreibt.

174,12 *«Haciendo Lorca»:* Theaterstück über Federico García Lorca von Lluís Pascual (geb. 1951), Uraufführung im Juni 1996. In der Szene, die Huma einstudiert, werden Zitate Lorcas aus *Bodas de sangre* und *Yerma* vermischt; in beiden Szenen geht es um die instinktive Liebe der Mutter zu ihren Kindern oder Jungtieren: »HUMA. Los animales los lamen, ¿verdad? A mí no me da asco de mi hijo.« (*Yerma*; die übrigen stammen aus *Bodas de sangre*).

178,11f. *Can Ruti:* Krankenhaus in Barcelona.

Filme von Pedro Almodóvar

Spielfilme

Pepi, Luci, Bom y otras chicas del montón (1980)
Laberinto de pasiones (1982)
Entre tinieblas (1983)
¿Qué he hecho yo para merecer esto? (1984)
Matador (1985)
La ley del deseo (1986)
Mujeres al borde de un ataque de nervios (1987)
¡Átame! (1989)
Tacones lejanos (1990)
Kika (1993)
La flor de mi secreto (1995)
Carne trémula (1997)
Todo sobre mi madre (1999)
Hable con ella (2002)
La mala educación (2004)

Fernsehproduktionen

Acción mutante (1993)
Tengo una casa (1996)
Pasajes (1996)
El espinazo del diablo (2001)
La fiebre del loco (2001)
Mi vida sin mi (2003)
Descongélate (2003)
Los sin tierra (2004)
La niña santa (2004)

weitere Angaben unter:
http://www.clubcultura.com/clubcine/clubcineastas/almodovar/esp/peliculas.htm

Literaturhinweise

Albadalejo, Miguel [u. a.]: Los fantasmas del deseo. A propósito de Pedro Almodóvar. Madrid 1988.

Almodóvar, Pedro: Carne trémula. El guión. Barcelona 1997.

– Conversaciones con Frédéric Strauss. Madrid 2001.

– Filmen am Rande des Nervenzusammenbruchs. Gespräche mit Frédéric Strauss. Aus dem Franz. von Frieda Grafe und Enno Patalas. Frankfurt a. M. 1998.

– Fuego en las entrañas. Madrid 1981.

– La flor de mi secreto. Barcelona 1996.

– Patty Diphusa y otros textos. Barcelona 1998. – Dt.: Patty Diphusa und andere Texte. Aus dem Span. von Bärbel Arnold. Hamburg 1997.

– Relatos. Madrid 1975.

– Todo sobre mi madre. Guión de la película. Madrid 1999.

Blanco, Francisco: Pedro Almodóvar. Madrid 1989.

Colmenero Salgado, Silvia: Pedro Almodóvar, todo sobre mi madre. Estudio crítico. Barcelona 2001.

Éclipses. Revue de Cinéma (http://www.revue-eclipses.com). Nr. 36. 2004: Pedro Almodóvar. À corps et accords.

García de León, María Antonia / Maldonado, Teresa: Pedro Almodóvar, la otra España cañí. Sociología y crítica cinematográficas. Ciudad Real 1989.

Holguín, Antonio: Pedro Almodóvar. Madrid 1994. ^{2}1999.

Morris, Barbara: Almodovar's Laws of Subjectivity and Desire. In: Post-Franco, Postmodern. The Films of Pedro Almodóvar. Hrsg. von Kathleen M. Vernon und Barbara Morris. Westport (CT) [u. a.] 1995.

Naitza, Sergio / Patane, Valeria (Hrsg.): ¡Folle, Folle, Folle Pedro! Il Cinema di Pedro Almodóvar. Cagliari 1992.

Strauss, Frédéric: Pedro Almodóvar, un cine visceral. Madrid 1995.

Varderi, Alejandro: Severo Sarduy y Pedro Almodóvar: del barroco al kitsch en la narrativa y el cine postmodernos. Madrid 1996.

Vidal, Nuria: El cine de Pedro Almodóvar. Barcelona 1989. [4]2000.

Yarza, Alejandro: Un caníbal en Madrid. La sensibilidad camp y el reciclaje de la historia en el cine de Pedro Almodóvar. Madrid 1999.

http://www.clubcultura.com/clubcine/clubcineastas/almodovar/index.htm
offizielle Webseite von Pedro Almodóvar, dort auch weitere bibliographische Angaben

http://www.egeda.es/eldeseo/
Webseite von Almodóvars Produktionsfirma El Deseo

http://www.imdb.com/name/nm0000264/
die Almodóvar-Seite der Internet Movie Database

Nachwort

I Vida y milagros

Wenn auch die Angaben über Pedro Almodóvars Geburtsdatum schwanken – nämlich zwischen dem 24.[1] bzw. 25.[2] September 1949 und dem 25. September 1951[3] –, so ist doch der Ort seiner Ankunft, Calzada de la Calatrava in der Provinz Ciudad Real, gesichert. Die sechsköpfige Familie (Eltern und vier Kinder) leben von einer kleinen Landwirtschaft. Einer seiner Biografen, Antonio Holguín, findet sogar in der Tierwelt des Kindes Pedro Einflüsse auf Filme wie *Entre tinieblas*, *¿Qué he hecho yo para merecer esto?*, *Mujeres al borde de un ataque de nervios*, *¡Atame!* und *Tacones lejanos*.[4] Während er schon früh in seiner Kindheit und Jugend die männlichen Einflüsse – den Franquismus und die Klosterschulen der Mönche – weitgehend ablehnt, prägen ihn die weibliche, ländliche Welt sowie das lokale Kino der Stadt Cáceres (Extremadura) nachhaltig. Dazu sagt Almodóvar in seinen »reflexiones del autor« über *Todo sobre mi madre*:

> Contra ese machismo manchego que yo recuerdo (tal vez agigantado) de mi niñez, las mujeres [...] permitían que la vida fluyera y se desarrollara, sin que los hombres se enteraran ni la obstruyeran. (Además de vital era espectacular. El primer espectáculo que vi fue de varias mujeres hablando en los patios.) No lo sabía, pero éste iba a ser uno de los temas de mi película numéro 13 [...].[5]

1 http://www.auteur.de/regisseure-almodovar.html und http://de.wikipedia.org/wiki/Pedro_Almodovar
2 Ursula Vossen, »Pedro Almodóvar«, in: *Filmregisseure. Biographien, Werkbeschreibungen, Filmographien*, hrsg. von Thomas Koebner, Stuttgart 1999, S. 23–26, hier S. 23.
3 Antonio Holguín, *Pedro Almodóvar*, Madrid ²1999, S. 25.
4 Holguín, S. 28.
5 Pedro Almodóvar, *Todo sobre mi madre. Edición definitiva del guión de la película*, Madrid 1999, S. 169.

Pedro Almodóvar bei den Dreharbeiten zum Film vor der Sagrada Familia in Barcelona.

Für Guillermo Cabrera Infante geht Almodóvars Identifikation mit allem, was feminin ist, sogar so weit, dass er behauptet: »*Todo sobre mi madre* es, en efecto, todo sobre Almodóvar.«[6] Er führt dazu aus, dass Almodóvar den Satz Alexander Popes »el estudio apropriado de la humanidad es el estudio del hombre« (»the proper study of mankind is man«) dahingehend korrigiere, dass die Erforschung der Menschheit bei der Frau beginne: Was Eva hat, will Adam auch.

Nach dem Schulabschluss geht der 19-Jährige nach Madrid und arbeitet für die staatliche Telefongesellschaft. Nachdem er die ländliche Umgebung als zunehmend feindlich und ungehobelt empfunden hatte, lebt er im 68-er Ambiente Madrids nachgerade auf. Hier entdeckt er alles, was für ihn Freiheit und Kultur bedeutet. Seine cineastischen Vorbilder dieser Zeit sind Buñuels Surrealismus, Ferreris skandalöser Symbolismus und die Welt des Carlos Saura. Sind diese Größen des spanischen Films noch eindeutig Produkte des Bürgerkriegs, so ist Almodóvar ganz klar ein Kind der Nachkriegszeit und der Übergangszeit zur Demokratie – und kein Kind von Traurigkeit.

Parallel zu dieser *transición* im politisch-wirtschaftlichen Bereich verläuft in der Hauptstadt die *movida madrileña*, die von Ursula Vossen sehr zutreffend als »pulsierende Aufbruchs- und Avantgardebewegung in Musik, Kunst, Film und Mode sowie nächtlicher Lebenskultur«[7] definiert wird. Bis zum Ende der 70-er Jahre hatte sich Almodóvar in dieser Madrider Szene als vielseitiger Verfasser von Comics und Drehbüchern, als Schauspieler der Gruppe »Los Goliardos« sowie als Texter und Sänger der Band »Almodóvar & McNamara« etabliert. Diese intensive Beschäftigung des homosexuellen Regisseurs mit damals vornehmlich femininen Themen machen ihn zu dem, wofür der Name Almodóvar heute weltweit bekannt ist:

6 Guillermo Cabrera Infante, »Todo sobre Almodóvar«, in: *El País*, mayo 1999, wiederabgedr. in: Almodóvar, *Todo sobre mi madre*, S. 11–13, hier S. 11.

7 Vossen, S. 23.

Almodóvar por estos años iba forjando lo que más tarde sería su universo cinematográfico. Trabajó como extra en teatro y cine, [...] se formó bebiendo de todas las fuentes posibles cercanas al «pop»: el «comic», la fotonovela, la prensa del corazón, revistas femeninas, la moda, todo un universo femenino que le dio pie para desarrollar su estilo y sus personajes. Así se convirtió en un gran director de actrices y un conocedor del alma y del mundo de la mujer.[8]

In diese Zeit der *movida* fällt der Beginn der cineastischen Karriere als Drehbuchschreiber und Regisseur. Die ersten Super-8-Filme wie *Sexo va, sexo viene* entsprechen dem enormen Nachholbedarf des Spaniens der 70-er Jahre, der sexuellen Revolution vor allem im visuellen Bereich. Filme mit einer einzigen Nacktszene füllen die Großstadtkinos wochenlang. Almodóvars Eigenproduktionen werden mit Erfolg auf den Parties und Szenetreffs der *movida* gezeigt. 1980 gelingt ihm mit der Low-budget-Produktion *Pepi, Luci, Bom y otras chicas del montón*, die als 35-mm-Version in einem Madrider Kino gezeigt wird, der Durchbruch im Inland. Schon dieser erste Hit enthält mehrere seiner Markenzeichen: das eigene Drehbuch, die Präferenz für weibliche Charaktere, die konsequente Verwendung der Umgangssprache, Reminiszenzen an Comic- und Pop-Art sowie das Thema des Films: »chicas modernas y originales«.[9]

Während das offizielle Spanien Literatur verfilmt oder Vergangenheitsbewältigung unternimmt, verfolgt Almodóvar mit Filmen wie *Laberinto de pasiones*, *Entre tinieblas* oder *¿Qué he hecho yo para merecer esto?* konsequent eine radikale zeitgenössische Linie: die zentralen Themen sind Liebe, Sex und Tod, die Ausführung ist immer provokant, überzeichnet, schrill und humorvoll. 1986 gründet er zusammen mit seinem Bruder Agustín die Produktionsfirma El Deseo. 1988 gelingt ihm der internationale und kommerzielle Sensationserfolg *Mujeres al borde de un ataque de nervios*. Mit ei-

8 Holguín, S. 37.
9 Holguín, S. 65.

nem Film pro Jahr zählt er zu den weltweit produktivsten Starregisseuren. Seinen 1996 freigegebenen Film *La flor de mi secreto* bezeichnet er als seinen ersten erwachsenen Film, das Resultat eines künstlerischen Reifeprozesses.[10]

Der ganz große Wurf gelingt Almodóvar 1999 mit *Todo sobre mi madre*, einem Film, der sich ausschließlich um Frauen dreht und dessen Rückblenden immer wieder die *movida* der achtziger Jahre aufgreifen, jenes Jahrzehnts, das den Regisseur am stärksten geprägt hat. Raffiniert ist dabei auch die Besetzung der Hauptrolle mit der argentinischen Schauspielerin Cecilia Roth, die eben in Almodóvars Filmen der Zeit der *movida* bekannt geworden war. Für diesen Film erhielt er den Regiepreis von Cannes und den Academy Award für den besten ausländischen Film 1999. Ein weiteres Meisterwerk ist ihm mit *Hable con ella* (2002) gelungen; mit *La mala educación* wurde 2004 das Filmfestival in Cannes eröffnet.

II Todo sobre tu padre

Die Handlung des Films ist linear und lässt sich in wenigen Worten zusammenfassen: Manuela ist 40 und Krankenschwester bei der spanischen Landesbehörde für Organtransplantation. Sie lebt mit ihrem 17-jährigen Sohn Esteban in Madrid. Dieser möchte an einem Kurzgeschichtenwettbewerb teilnehmen und schreibt einen Text über das Leben mit seiner Mutter. Dabei stößt er immer wieder auf die große Unbekannte in seinem Leben – seinen Vater. An seinem Geburtstag lädt ihn Manuela ins Theater ein, *Endstation Sehnsucht*. Nach der Aufführung will Manuela ihrem Sohn alles über seinen Vater erzählen. Doch während sie auf die Starinterpretin der Blanche, Huma Rojo, warten, geht ein Platzregen über Madrid nieder, und als Huma mit ihrer Geliebten, Nina, das Theater verlässt, steigen beide so schnell wie möglich in ein Taxi. Trotz Estebans Bitten fährt das Taxi mit ho-

10 Vgl. Vossen, S. 25.

her Geschwindigkeit davon; Esteban läuft hinter dem Wagen her, es kommt zur Tragödie: Er wird von einem aus einer Querstraße kommenden Auto überfahren und stirbt am Unfallort in den Armen seiner verzweifelten Mutter.

Um den Schmerz zu verarbeiten, beginnt Manuela mit dem Notizheft ihres Sohnes in der Tasche die Suche nach dem Vater Estebans, der als Transvestit in Barcelona lebt. Die Reise wird zu einer Rückkehr in ihre eigene Vergangenheit in jener Stadt, in die sie zwanzig Jahre zuvor aus Argentinien gekommen war. Auf der Suche nach dem Mann, den sie damals verließ, kommt Manuela mit mehreren Frauen in Berührung, die ihr Leben verändern werden: Huma und Nina, die Tennessee Williams' *Endstation Sehnsucht* jetzt in Barcelona spielen; Agrado, ein(e) Transvestit(in), die früher eine der besten Freundinnen Manuelas war; Schwester Rosa, eine Nonne, die sich um die soziale Integration von Prostituierten und Transvestiten kümmert; und schließlich Rosas Mutter, die säuerliche katalanische Spießbürgerin, die das Engagement ihrer Tochter nicht versteht. Verstrickt in die Probleme und das Leid dieser Frauen beginnt Manuela wieder aufzuleben und einen neuen Sinn in ihrem Leben zu sehen.

Zentrales Thema des Films ist die allgegenwärtige Fürsorge der Mutter: Manuela ist nicht nur die Mutter Estebans, im Lauf des Films wird sie sich auch mütterlich und selbstlos um Agrado kümmern, der es ziemlich dreckig geht, und obwohl sie zuerst davor zurückschreckt, nimmt sie sich schließlich auch der aidskranken Schwester Rosa an, deren Baby sie nach Rosas Tod ›adoptiert‹. Die drei männlichen Rollen in *Todo sobre mi madre* sind im besten Sinn des Wortes Nebenfiguren: Lola, der Transvestit; Rosas Vater, der an Alzheimer leidet und seine Tochter auf ihrem letzten Weg in die Klinik nicht erkennt; und ganz am Rande der Darsteller des Machos Kowalski, der stressige Situationen mit einem Blowjob gelöst haben möchte.

Eine besondere Rolle kommt hingegen Agrado zu, die einerseits immer wieder für *comic relief* sorgt und ihre Philosophie des Authentischen in einer improvisierten Kabarettnummer dem erstaunten Theaterpublikum offeriert, als die Aufführung eines Abends ausfallen muss, weil Nina mit Drogen zugedröhnt ist. Sie erzählt auf amüsante Weise von allen ihren kostspieligen operativen Eingriffen, durch die sie ›echt‹ werden wollte: »Me ha costado mucho ser auténtica. Pero no hay que ser tacaña con todo lo relacionado con nuestro aspecto. Porque una mujer es más auténtica cuanto más se parece a lo que ha soñado de sí misma«.[11]

Todo sobre mi madre ist ein Film über Schauspieler, die Schauspieler spielen, und gleichzeitig über die Fähigkeit anderer Personen, zu schauspielern, ohne Schauspieler zu sein. Dass sowohl die einen wie auch die anderen von Schauspielern – fast ausschließlich Schauspielerinnen – dargestellt werden, macht die Sache nicht unbedingt einfacher. Frauen dramatisieren häufiger und besser als Männer. Dieser Ausgangspunkt wird zusammen mit dem Filmtitel in jener Anfangsszene fixiert, in der Esteban und Manuela den Hollywood-Klassiker *All About Eve* sehen, in dem es um eine überehrgeizige junge Schauspielerin geht, die mit allen Tricks und Mitteln in die Welt einer alternden Diva eindringt und sie schließlich demütigt und enttäuscht. Estebans Kommentar über die reißerische Übersetzung des Titels (*Eva al desnudo* statt *Todo sobre Eva*) bringt ihn dazu, seine ersten schriftstellerischen Versuche *Todo sobre mi madre* zu betiteln.

Gleichzeitig dringt aber auch durch, dass Esteban gerne alles über seinen Vater wissen möchte, den er nicht kennt, nicht einmal von Fotos. Durch den tragischen Unfalltod Estebans wird aus dem Projekt Estebans eine Suche nach Manuelas Vergangenheit und nach Estebans Vater. Dieser hatte es allerdings vorgezogen, sich statt einer Familie »ein paar Titten« (»unas tetas más grandes que las de ella«, S. 99) zuzulegen und in der Transvestitenszene Barcelonas zu verbleiben. Manuela, die damals schwanger geflohen ist, kehrt jetzt nach knapp 20 Jahren zurück, um Lola, den biologi-

11 Almodóvar, *Todo sobre mi madre*, S. 179, vgl. im Text S. 154.

schen Vater Estebans, wissen zu lassen, dass er Vater eines 17-jährigen Sohnes war. Damit wird der weitere Themenkreis der Frauen und ihrer Fähigkeit, sich zu verstellen, der verletzten Mutterschaft und der spontanen Solidarität zwischen Frauen umschrieben.

Das Drehbuch des Films ist jedoch nicht nur ein Porträt der Welt moderner Frauen, es ist auch eine Würdigung des Theaters, des Films und dadurch der großen Schauspielerinnen, die ihrerseits Schauspielerinnen darstellten: Bette Davis, Gena Rowlands und Romy Schneider – und auch eine Hommage an Almodóvars eigene Mutter (vgl. S. 181). In *Todo sobre mi madre* kehrt der Regisseur zu seinen Wurzeln zurück, jedoch mit dem reifen Blick der Lebenserfahrung. Einer Lebenserfahrung, in der Zuneigung und Gefühle alles andere überragen. Die Reife des Werkes zeigt sich auch im Cineastischen; das chaotische *cine coral* (Film ohne klar erkennbare Hauptfiguren) der 80-er und frühen 90-er Jahre wird von der linearen Dramaturgie der seriöseren Werke ab *La flor de mi secreto* abgelöst.

In einem Interview mit Frédéric Strauss beschreibt Almodóvar den Inhalt und die Bedeutung des Films für ihn persönlich folgendermaßen:

> *Todo sobre mi madre* trata de la creación artística, de las mujeres, de los hombres, de la vida, de la muerte, y es, sin duda alguna, una de las películas más intensas que he hecho. No estoy diciendo que en las otras haya escenas insustanciales, sino que en ésta he querido ir a lo escencial de cada secuencia utilizando elipsis, lo que da una sensación de intensidad, […]. La literatura, el teatro, el amor de dos mujeres, la madre herida y luchadora, el mundo del travesti, Agrado, y de la prostitución, son temas que ya había tratado, pero en esta ocasión los abordo de una forma muy distinta.[12]

12 Frédéric Strauss, *Conversaciones con Pedro Almodóvar*, Madrid 2001, S. 158.

Böse Zungen behaupten, Almodóvar hätte Tennessee Williams und Truman Capote vor allem deswegen in *Todo sobre mi madre* untergebracht, um endlich den mit *La flor de mi secreto* verpassten Academy Award (Oscar) zu erhalten, als Zugeständnis sozusagen, als USA-Bezug. Versucht man wirkliche Bezüge zwischen Almodóvars Großstadt-Frauen-Film und Williams' Südstaaten-Beziehungsdrama herzustellen, wird man auch sicher fündig: Almodóvar verehrt Williams und beide beschäftigen sich in ihren Meisterwerken mit Außenseitern der Gesellschaft und mit der destruktiven Kraft der Begierde und der Sehnsucht, die einerseits in Williams' Titel *A Streetcar Named Desire* sowie andererseits in Almodóvars Filmgesellschaft *El Deseo* im Zentrum steht.

Blanche DuBois, die alternde *belle* der Südstaaten, die Reichtum, Sicherheit und die besten Jahre ihres Lebens verloren hat, muss in der beengten Arbeiterwohnung ihrer Schwester den Tatsachen einer unentrinnbaren Vergangenheit ins Auge sehen und zerbricht psychisch daran. Beatrice Sartori in *El Mundo* sieht hier Parallelen zu allen Frauenfiguren in *Todo sobre mi madre* und beobachtet sehr treffend, dass wir es dabei mit den neuen Almodóvar-Frauen und nicht mehr mit den omnipräsenten Almodóvar-Girls zu tun haben:

> Todas las mujeres que entrecruzan sus caminos y vidas en *Todo sobre mi madre* tienen algo de la enloquecida y patética Blanche Du Bois, aquélla que, en *Un tranvía llamado Deseo*, se dejaba conducir al manicomio confiando en la bondad de los desconocidos. Manuela, Rosa, Huma, Nina y Agrado son las nuevas mujeres Almodóvar – muy lejos de la etiqueta de las chicas – protagonistas ahora de dramáticos eventos, que las convierten en una mezcla de Blanche, Stella Kowalski y Eve Harrington, la Eva de *Eva al desnudo*, la admiradora que soñaba con ser la gran Margo Channing.[13]

13 http://www.el-mundo.es/cultura/almodovar/todo.html

Im Detail ist also Manuela wie Blanche auf der Flucht vor ihrer Vergangenheit, sie hat ihren 17-jährigen Sohn verloren, Blanche hatte eine Affäre mit einem 17-jährigen Schüler und musste deswegen Schule und Stadt verlassen. Manuela landet auf ihrer Flucht wie Blanche in einem sozialen Milieu, das weit unter ihrem bisherigen Status liegt. So klar wie die Parallelen liegen auch die Unterschiede auf der Hand: die Endstation Sehnsucht ist Synonym für Blanches Scheitern und Wahnsinn, bedient vom brutalen Kowalski. Manuela hingegen bewältigt ihren furchtbaren Verlust mit Hilfe anderer Frauen.

Blanche DuBois ist auch mit Huma Roja seelenverwandt, die als alternde Diva Theater spielend ›ihren Mann‹ stehen muss, um sich zu behaupten und zu überleben. Auch ihre Beziehung zu einer weit jüngeren Fixerin wirft sie immer wieder aus der Bahn. Andererseits bietet ihr kein Kowalski die Stirn und sie ist vor allem nicht auf die Güte von Unbekannten angewiesen.

Dies trifft eher auf Rosa zu, die wie Stella Kowalski ein Baby in sozusagen schwierigen Umständen erwartet, allerdings von keinem Kowalski, sondern vom inzwischen an Aids erkrankten Vater Estebans. Rosa vertraut sich der ihr vorerst unbekannten Manuela an und – hier trägt Almodóvar die Zufälle etwas dick auf – siehe da, Manuela ist nicht nur bestens vertraut mit Stellas Rolle, die sie vor etwa 20 Jahren in einer Laienaufführung gespielt hat, sie kennt auch noch den Vater von Rosas Baby bestens, ihren Ex-Mann, und befürchtet zu Recht das Schlimmste. Und tatsächlich, Manuela springt eines Nachts für die zugedröhnte Nina ein:

MANUELA. Conozco su papel de memoria, de oírlo por los altavoces.

HUMA. ¿Pero tú sabes actuar?

MANUELA. Sé mentir muy bien, y estoy acostumbrada a improvisar.

HUMA. Ya lo he visto.

MANUELA. Mi hijo decía que era muy buena actriz.

HUMA. ¿Tu hijo …? ¡Ni siquiera sabía que tuvieras un hijo! (S. 112)

Da keine wirklichen Männer in *Todo sobre mi madre* vorkommen, ist das Einblenden der Theaterszenen, in denen vor allem der laute Kowalski und seine Arbeitskollegen auftreten, ein starker Kontrast zur Frauenwelt des Films und eine Reminiszenz an die ländliche Umgebung Almodóvars, aus der er selbst geflohen ist.

Weitere Bezüge zur Welt des Theaters sind die Zitate aus Lorcas *Bodas de sangre* und *Yerma*. Humas nächstes Projekt am Theater heißt *Haciendo Lorca*, das Thema Mutterliebe wird mittels einer raffinierten Zitatenmischung aus beiden Werken hervorgehoben:

> HUMA. Hay gente que piensa que los hijos son cosa de un día. Pero se tarda mucho. Mucho. Por eso es tan terrible ver la sangre de un hijo derramada por el suelo …
> […]
> Una fuente que corre durante un minuto y a nosotras nos ha costado años. Cuando yo descubrí a mi hijo, estaba tumbado en mitad de la calle. Me mojé las manos de sangre y me las lamí con la lengua. Porque era mía. Los animales los lamen, verdad? A mí no me da asco de mi hijo. Tú no sabes lo que es eso. En una custodia de cristal y topacios pondría yo la tierra empapada por su sangre … (S. 174f.)

Zu den literarischen Bezügen gehört schließlich das Zitat, das Almodóvar ganz an den Beginn der Buchausgabe seines Drehbuchs stellt, jenes von Truman Capote: »Empecé a escribir cuando tenía ocho años. Entonces no sabía que me había encadenado de por vida a un noble pero implacable amo. Cuando Dios le entraga a uno un don, también le da un látigo; y el látigo es únicamente para autoflagelarse.«[14] Im engeren Sinn trifft dies zuerst auf den jugendlichen Esteban im Film zu, der literarische Ambitionen hat und

14 Almodóvar, *Todo sobre mi madre*, S. 7. – Im Original: »One day I started writing, not knowing that I had chained myself for life to a noble but merciless master. When God hands you a gift, he also hands you a whip; and the whip is intended solely for self-flagellation« (Truman Capote, *Music for Chameleons. New Writing*, New York 1980).

an einem Schreibwettbewerb teilnehmen möchte. Noch bevor er überhaupt erfahren kann, ob er denn talentiert ist, schlägt die Geißel schon zu und beendet sein kurzes Leben. Auf Almodóvar selbst trifft das Zitat ebenso zu wie auf die wichtigen Charaktere des Films: Manuela, die Übermutter, die ihren Sohn verliert; Rosa, die sich um Aids-Infizierte kümmert und an Aids stirbt; Agrado, die es allen angenehm machen will und wie eine Weihnachtsgans ausgenommen wird; Rosas Mutter, die Chagalls und Picassos fälscht und deren eigenes Leben zu einer schlechten Imitation geworden ist.

IV Los premios y la crítica

Die Zahl der Preise, die *Todo sobre mi madre* gewonnen hat, ist beeindruckend und spektakulär, vor allem durch die zahlreichen Goyas, den wichtigsten spanischen Filmpreis, die Auszeichnungen in Cannes (Regiepreis, ökumenischer Preis), der vielleicht prestigeträchtigste europäische Filmpreis, und natürlich durch den Oscar für den besten ausländischen Film. Eine Liste aller Auszeichnungen würde den Rahmen eines Nachworts sprengen, doch die wichtigsten sollen hier erwähnt werden:[15]

Oscar für den besten nicht-englischsprachigen Film 1999
Regiepreis des Filmfestivals Cannes 1999
Ökumenischer Preis des Filmfestivals Cannes 1999
David-de-Donatello-Preis für den besten nicht-englischsprachigen Film 1999
César (Frankreich) für den besten ausländischen Film 1999
Golden Globe für den besten nicht-englischsprachigen Film 1999
Filmpreis Goya 1999: bester Film; bester Regisseur; beste Hauptdarstellerin (Cecilia Roth); beste Filmmusik (Al-

15 Weitere Angaben unter http://www.clubcultura.com/clubcine/clubcineastas/almodovar/esp/peli_madre4.htm

berto Iglesias); beste Inszenierung (José Salcedo); bester Sound (Miguel Rejas, José Antonio Bermúdez und Diego Garrido)

FIPRESCI-Preis für den besten Film 1999

Bester nicht-englischsprachiger Film des New York Film Critics Circle

Preis für den besten nicht-englischsprachigen Film bei den British Independent Film Awards

BAFTA-Preis (British Academy of Film and Television Arts) für die beste Regie und den besten ausländischen Film

Bester nicht-englischsprachiger Film der Boston Film Critics Association

Chicago Film Critics Award für den besten nicht-englischsprachigen Film

Bester nicht-englischsprachiger Film der Los Angeles Film Critics Association

Bester nicht-englischsprachiger Film des National Board of Review of Motion Pictures

Preis des London Film Critics Circle für den besten nicht-englischsprachigen Film

Bester nicht-englischsprachiger Film der Broadcast Film Critics Association

Europäischer Filmpreis für den besten Film, die beste weibliche Darstellerin (Cecilia Roth), Publikumspreis für die beste Regie

Preis für den besten nicht-englischsprachigen Film der British Independent Film Awards

Bester Film des Jahres der Zeitschrift *Entertainment Weekly*

Bester Film des Jahres der Zeitschrift *Time*

Publikumspreis der Federazione Italiana Cinema D'Essai (FICI)

Filmfestival Zimbawe: bester Film, beste Regie, beste Darstellerin, beste künstlerische Leitung, originellster und unterhaltsamster Film

Deutscher Filmpreis für den besten ausländischen Film

Musikpreis für die beste Filmmusik: Alberto Iglesias

Preis der Schauspielergewerkschaft für die beste Nebendarstellerin: Antonia San Juan
Guldbagge-Preis (Schweden) für den besten ausländischen Film
Preis der Académie des Lumières (Paris) für den besten ausländischen Film
Bester Film des Kritikerverbandes Brasilien

Neben all den begeisterten und einsichtigen Kritiken und trotz der enthusiastischen Aufnahme des 13. Films Pedro Almodóvars gibt es auch negative Einschätzungen des bisher wahrscheinlich erfolgreichsten spanischen Films weltweit. So schreibt zum Beispiel Nicolás Quinteros auf der Webseite der »Linterna mágica«, *Todo sobre mi madre* vereine die schlimmsten Elemente der Filme Almodóvars:

> Almodóvar recurre durante toda su obra al melodrama (género más que interesante), pero en *Todo sobre mi madre*, llega al paroxismo. Las tragedias se suceden una a otra sin dar respiro a los espectadores: muertes, enfermedades, adicciones, demencia, violencia urbana …[16]

In der Tat ist der Zuschauer am Ende des Films überwältigt, wenn nicht erschlagen von einer Serie von Tragödien, die an Morbidität nichts zu wünschen übrig lassen. Und zumindest diesen Vorwurf kann man Almodóvar nicht ersparen: *Todo sobre mi madre* greift zu viele tragische Themen auf, um sie auch nur annähernd bearbeiten zu können; wie Quinteros weiter bemerkt, leidet auch das eigentliche Hauptthema gelegentlich darunter.

Auch wird Almodóvar angekreidet, dass er zwar in seinen reiferen Filmen der Welt des Kitschs widersteht, seine Figuren jedoch mitunter in Sphären schweben, die allem Irdischen entrückt scheinen. So lebt Manuela wochenlang in Barcelona ohne Arbeit und Einkommen, Wohnungen werden angemietet ganz nach Bedarf, in ihrem Schmerz ist sie

16 http://www.canaltrans.com/lalinternamagica/001.html

vorerst noch nach A Coruña geflogen, um den Empfänger des Herzens ihres Sohnes zu sehen, und mit einem Scheck über 900 € für einige Tage als Privatsekretärin und Vertraute Huma Rojos ist die Welt wieder in Ordnung. Andererseits akzeptieren Zuschauer, Cineasten und auch die Juroren der bedeutendsten Filmfestivals, dass Almodóvar kein Realist und kein Zeitzeuge sozialer Milieus sein möchte, sondern ein kreativer und provokanter Dramaturg, dessen ureigenstes Element die urbane Fauna in ihren schönsten, aber auch in ihren tragischsten Erscheinungsformen darstellt. Und dies ist ihm mit dem Frauenfilm *Todo sobre mi madre* ganz sicher gelungen.

Klaus Amann

Inhalt